Svenja Bunt und Sibylle Prins

Ein gutes Leben und andere Probleme

Ein Ratgeber von Psychiatrie-Erfahrenen
für Psychiatrie-Erfahrene

Svenja Bunt und Sibylle Prins

Ein gutes Leben und andere Probleme

Ein Ratgeber von Psychiatrie-Erfahrenen für Psychiatrie-Erfahrene

BALANCE ratgeber

Svenja Bunt und Sibylle Prins
Ein gutes Leben und andere Probleme
Ein Ratgeber von Psychiatrie-Erfahrenen für Psychiatrie-Erfahrene

1. Auflage 2018
ISBN-Print: 978-3-86739-139-9
ISBN-PDF: 978-3-86739-929-6
ISBN-ePub: 978-3-86739-930-2

Bibliografische Information der Deutschen Nationalbibliothek
Die Deutsche Nationalbibliothek verzeichnet diese Publikation
in der Deutschen Nationalbibliografie;
detaillierte bibliografische Daten sind im Internet über
http://dnb.ddb.de abrufbar.

BALANCE buch + medien verlag im Internet:
www.balance-verlag.de

Lektorat: Karin Koch, Köln
Umschlaggestaltung : GRAFIKSCHMITZ, Köln,
unter Verwendung einer Fotografie von Werner Krüper
Typografiekonzeption und Satz: Iga Bielejec, Nierstein
Druck und Bindung: AZ Druck und Datentechnik, Kempten

Ein gutes Leben gestalten

Dieses Buch zu schreiben hat Spaß gemacht. Wir wünschen uns, dass es auch Ihnen Spaß macht, das Buch zu lesen.

Dieses Buch entstand über einige Jahre hinweg. Vielleicht kann es für Sie über einige Zeit eine Quelle von Anregungen sein? Es ist im deutschsprachigen Raum der erste Ratgeber von Psychiatrie-Erfahrenen für Psychiatrie-Erfahrene. Vielleicht schreiben Sie den nächsten? Vielleicht haben Sie noch viel bessere Tipps, viel relevantere Erfahrungen? Trauen Sie sich! Durch die Zusammenarbeit an diesem Buch entstand eine Freundschaft zwischen den beiden Autorinnen. Vielleicht finden auch Sie hier Anregungen für neue und alte Freundschaften? Wir würden uns freuen!

Die Texte in diesem Buch wurden etwa je zur Hälfte von Sibylle Prins und Svenja Bunt geschrieben, wir haben sie wechselseitig ergänzt, aber manchmal auch unsere unterschiedlichen Meinungen stehen lassen. Auch Tipps von Freunden und Bekannten haben wir aufgenommen. Unserer Erfahrung nach kann man zu verschiedenen Zeiten von verschiedenen Anregungen profitieren.

Dieses Buch kann nicht zu allen Themen, die in einem individuellen Leben wichtig werden, Empfehlungen geben. So fehlen etwa Kapitel zu Partnerschaft und Elternschaft. Auch für andere Projekte, vielleicht ein Studium oder gar eine selbstständige Erwerbstätigkeit, finden sich hier keine Hinweise. Wir behandeln aber Themen, von denen wir wissen, dass sie viele Psychiatrie-Erfahrene beschäftigen: Alltagsgestaltung, mit wenig Geld auskommen, Arbeit, Krisen, Genesung, Beziehung, Selbstbild, Sinnsuche. Diese Themen tauchen in Gesprächen mit Freundinnen und Freunden, aber auch in Seminaren und Fortbildungen, die wir beide machen, immer wieder auf. Natürlich können wir auch diese nicht vollständig bearbeiten, das ist auch nicht unser Ziel. Wenn wir Sie zum Nachdenken, vielleicht sogar Aktivwerden ermutigen können, freuen wir uns. Ausgewählte Hinweise zum Weiterlesen und -suchen finden Sie deshalb am Ende vieler Kapitel.

Noch ein Wort zu uns: Wir gehen beim Schreiben von unseren eigenen Erfahrungen aus und von denen der Psychiatrie-Erfahrenen, die wir im Laufe unseres Lebens kennengelernt haben. Sie kommen, etwas verfremdet und anonymisiert, mit Fantasienamen und oft auch Änderung des Geschlechts in den eingestreuten Beispielen vor.

Wir haben beide Psychose-Erfahrung. Unser Blick auf psychische Erkrankungen ist davon geprägt. Wir versuchen, auch andere psychische Erkrankungen zu berücksichtigen, tatsächliche gibt es ja im Alltag viele ähnliche Probleme, und auf den Alltag kommt es uns an.

Manche Psychiatrie-Erfahrene werden es kritisch sehen, dass wir manchmal von »psychischen Erkrankungen« sprechen, sogar bestimmte Diagnosen nennen. Tatsächlich sind wir der Meinung, dass es solche Dinge wie psychiatrische Probleme gibt. Diese werden von Mitarbeitenden der Psychiatrie mit bestimmten Diagnosen bezeichnet. Ob eine solche Diagnose im Einzelfall stimmt, mag dahingestellt sein. Wir haben dieses Buch in der Hoffnung geschrieben, Ihnen einige Anregungen für ein möglichst gutes, stimmiges und erfüllendes Leben zu bieten. Vielleicht gibt es etwas in unserem Buch, das Sie für sich nutzen können, um Ihr Leben noch besser gestalten zu können? Vielleicht könnte etwas in unserem Buch für Sie funktionieren – unabhängig davon, ob Sie Diagnosen annehmen oder ablehnen?

SVENJA Ich habe von Anfang an, mit Beginn der ersten Symptome, versucht, mich durch Selbsthilfestrategien zu stabilisieren, eine neue Balance zu finden. In den ersten Jahren ging es mir vor allem um eine gewisse Stabilität und eine Lebensgestaltung, die nicht durch die Psychose geprägt war. In dieser Zeit habe ich in den USA in Philosophie promoviert. Gesund war ich in dieser Zeit gewiss nicht. Danach kam eine sehr schwierige Zeit mit Arbeitslosigkeit und großen Sorgen, aus der ich nur langsam einen Weg zu meinem jetzigen Leben fand. Mittlerweile bin ich auch Klinische Sozialarbeiterin, arbeite bei einem psychosozialen Träger und unterstütze psychisch erkrankte Menschen.

Die Psychose habe ich nicht vollständig überwinden können. Und doch fand ein Gesundungsprozess in den letzten Jahren statt, und es entwickelte sich eine gute Lebensqualität. Mir gefällt das Leben, das ich heute führe, und ich glaube, dass ich in vielerlei Hinsicht auf einem guten Weg bin.

Mir hilft es, mich in Entwicklung zu sehen. So wie ein Baum, der immer weiterwächst, sich entwickelt und reift, blüht und Blätter grünen lässt, bis sie sich verfärben und abfallen, um nach einer Ruhepause erneut zu ergrünen. Der Früchte trägt und Heimat ist für Vögel und Mäuse und Käfer. Der auch nach einem Blitzschlag weiterwächst. So versuche ich auch mein Leben zu sehen. Als ein ständiges Wachsen und Sichweiterentwickeln. Auch wenn manches nicht gelingt oder nicht sofort, so kann doch das Lernen, das Wachsen, das Reifen, das Sichweiterentwickeln gut gelingen.

Auf diesem Weg stieß ich auf Dinge, die ich für mich nutze und die mir helfen. Ein Beispiel ist der Ausdauersport, den ich in schwieriger seelischer und sozialer Situation auszuüben begann. Ich hatte damals keine Vorstellung, dass Ausdauersport auch seelisch hilfreich sein könnte. Nach einem Jahr moderaten Ausdauersports wurde mir jedoch bewusst, dass ich nun viel ausgeglichener, fröhlicher, optimistischer in die Weltgeschichte blickte, dass die Stimmung besser war. Dann habe ich das recherchiert und herausgefunden, dass dieser

Prozess mit dem Ausdauersport, der auf die Seele einwirkt, gut erforscht ist und mutmaßlich bei den meisten Menschen diese Wirkung zeigt.

Es gibt in jedem Leben sehr individuelle Aspekte, so will nicht jeder in den USA Philosophie studieren, wie es mein Lebensentwurf viele Jahre lang war. Aber es gibt auch Prozesse – in der Fachliteratur würde man von biopsychosozialen Prozessen sprechen –, die bei sehr vielen Menschen eine positive Wirkung entfalten können. Regelmäßiger Ausdauersport hätte nach einem Jahr mit hoher Wahrscheinlichkeit auch bei Ihnen eine positive Wirkung auf die Seele; es verändert sich dadurch einfach etwas in Körper und Gehirn. Diese Prozesse können wir durch die Entwicklung von Gewohnheiten für uns nutzen.

Solche Prozesse zeigen auch, dass wir besser oder schlechter mit unserem Körper und unserer Seele umgehen können. Allerdings kommen wir ja nicht mit einer Gebrauchsanweisung auf die Welt. Viele von uns kommen aus Elternhäusern, in denen wir eine gute Lebensgestaltung nicht lernen konnten. Aber wir können uns alle weiterentwickeln und wachsen, in kleinen Dingen, in kleinen Gewohnheiten, vielleicht auch in unserer gesamten Lebens- und Alltagsgestaltung.

SIBYLLE Mein Weg war etwas anders. Ich hatte zunächst auf Lehramt studiert, während des Referendariats hatte ich meine erste Psychose. Als anderthalb Jahre später erneut eine Psychose auftrat, hängte ich den pädagogischen Beruf an den Nagel – nur vorübergehend, wie ich damals noch dachte –, absolvierte eine Umschulung und fand anschließend Arbeit in einem Verwaltungsbüro. Darüber war ich nicht besonders glücklich, aber es war mir damals wichtig, überhaupt einen Job zu haben, finanziell unabhängig zu sein und nicht in eine psychiatrische Ersatzwelt abzurutschen. Außer ambulanten Gesprächen in einer Praxis oder Ambulanz nahm ich keine professionelle Hilfe in Anspruch. Das hatte sowohl Vor- als auch Nachteile.

Auch mit der Zuschreibung, krank zu sein, konnte ich nicht viel anfangen. Die Psychosen fühlten sich nicht an wie eine Krankheit, die langen anschließenden Phasen der Antriebs- und Interesselosigkeit interpretierte ich nicht als Teil der Krankheit, sondern dachte, ich hätte mich zu so einer dumpfen und desinteressierten Persönlichkeit entwickelt.

Das änderte sich, als in unserer Stadt erst eine Selbsthilfegruppe und später ein Verein Psychiatrie-Erfahrener gegründet wurde. Ich war von Anfang an dabei und lernte viele andere Psychiatrie-Erfahrene kennen, die alle ganz unterschiedliche Geschichten und Strategien zur Bewältigung ihrer Krisen hatten. Ich lernte enorm viel von ihnen. Spätestens, als ich zu Beginn der »Nullerjahre« auch in die Interessenvertretung in Gremien hineinkam, wurde mir klar, dass andere Psychiatrie-Erfahrene manchmal ganz andere Bedürfnisse haben als ich und dass ich diese auch berücksichtigen musste. Im Hintergrund dieser äußeren Ereignisse stand dann noch, dass ich mich gedanklich sehr viel mit den Psychosen und meinem Lebenslauf beschäftigte, viel reflektierte, was später zu meinen Veröffentlichungen führte.

Wir beide wollen Ihnen Lust auf ein gutes Leben machen: Wie kann ich mich so verhalten, dass es mir langfristig gut geht? Wie kann ich gut für mich sorgen? Für diese Fragen möchten wir Ihnen ein paar Anregungen und Denkanstöße geben. Vielleicht kann Ihnen dieses Buch helfen, noch einmal neu über das Sorgen für sich, die eigene Gesundheit nachzudenken. Und vielleicht wollen Sie ja das eine oder andere ausprobieren. Hier müssen wir anfügen: Die meisten Dinge, die uns geholfen haben, brauchen Zeit. Sie müssen erst als Gewohnheiten verankert werden, und erst langsam ändert sich etwas im Körper, im Gehirn, in der Seele.

So wünschen wir Ihnen Mut und Ausdauer, Kreativität und Geduld im Umgang mit sich selbst. Ein großer, schöner Baum wächst nicht von heute auf morgen heran, aber wir haben ja auch ein Leben lang Zeit, zu wachsen.

 *Svenja Bunt und* *Sibylle Prins*

Genesungswege suchen und erkennen

Drei zentrale Lebensbereiche

Genesung meint die individuelle Entwicklung hin zu einem Leben, das die erkrankte Person als lebenswert empfindet und das sie zufrieden macht. Ein guter Umgang mit den Problemen, die die Erkrankung mit sich bringt, gehört dazu, aber es gibt noch mehr Dinge, die darauf auch einen großen Einfluss haben. Drei Lebensbereiche spielen unserer Meinung nach eine besondere Rolle:

Alltagsgestaltung und Selbstmanagement → Hier geht es darum, seinen Alltag den eigenen Bedürfnissen entsprechend zu gestalten. Wohnen, Selbstversorgung und Freizeit spielen in diesem Zusammenhang eine große Rolle: Komme ich mit meinem Geld aus? Fühle ich mich wohl in meiner Wohnung? Gibt es schöne Freizeitaktivitäten, die ich unternehmen kann? Gibt es Bewegung und Musik, Genuss und Arbeit in meinem Leben? Diese Fragen entscheiden sich im Alltag und so auch, ob ich eher glücklich oder eher unglücklich lebe.

Beziehungsgestaltung → Wir Menschen brauchen einander, den Kontakt miteinander. Ein gewisses soziales Netz trägt, lädt ein, Freude zu teilen, aber auch Frust. Die zentralen Fragen sind also: Habe ich einige Freunde? Bekomme ich Unterstützung aus der Familie? Und für Menschen mit psychischen Erkrankungen besonders wichtig: Gibt es Menschen, vor denen ich die Erkrankung nicht verstecken muss? Werde ich unterstützt von professionellen Helfern? Aber auch: Habe ich auch genügend Freiraum für mich und Zeit allein? Mit diesen Fragen entscheidet sich, ob wir Unterstützung mobilisieren können und etwas im Leben erreichen können.

Arbeit und Beschäftigung → Tätigsein, aktives Gestalten sind ebenfalls Grundbedürfnisse. Weiß ich, welche Arbeit mir liegt? Kann ich Interessen benennen an Arbeit und Beschäftigung? Gibt es Möglichkeiten, in dieser Richtung tätig zu sein? Wie viele Stunden Arbeit sind gut für mich? Welche Arbeitsbedingungen sind gut für mich? Hier entscheiden sich Fragen von Erwerbsarbeit und Ausbildung, aber auch Tätigsein jenseits von Erwerbsarbeit.

Genesung bedeutet, in diesen drei Lebensbereichen Fortschritte zu erzielen nach den je eigenen Maßstäben. Unserer Erfahrung nach sind dafür zwei Voraussetzungen notwendig:

- Man muss eine gewisse Alltagsgestaltung bereits hinbekommen. Diese muss nicht perfekt sein, aber man muss sich so weit organisieren können, dass man für sich sorgen kann. Wenn diese grundlegende Fähigkeit nicht da ist, wenn etwa der Umgang mit Geld überhaupt nicht gelingt oder die Wohnung und man selbst verwahrlosen, ist das erst mal die Baustelle, bevor weitere Schritte auf einem Genesungsweg möglich sind.

- Man muss ferner einen gewissen Zugang zu seinen Fähigkeiten, Neigungen und Interessen haben. Auch das muss nicht perfekt sein, aber wer gar nicht sagen kann, ob er lieber Künstler oder Buchhalter, Akademiker oder Schreiner werden möchte, der wird große Schwierigkeiten haben, einen Lebensentwurf zu formulieren, der eine Chance auf Erfolg hat.

Wenn diese beiden Fähigkeiten gegeben sind, dann können vielleicht auch die großen Probleme isoliert und angegangen werden. Über die Zeit können Schwierigkeiten gelöst werden oder man lernt, eigene Schwächen zu akzeptieren und einen kreativen Umfang damit zu finden. Wenn diese beiden Fähigkeiten aber fehlen, müssen sie – wahrscheinlich mit therapeutischer Hilfe – erst entwickelt werden. Erst dann können andere Probleme gelöst werden. Unsere Erfahrung ist, dass auch große und schwierige Probleme über die Zeit bewältigt und gelöst werden können. Es kommt letztendlich darauf an, sich auf den Weg zu machen.

▬▬ Alles eine Frage einer guten Planung?

In vielen Ratgebern wird empfohlen, bei Problemen einen Plan zu machen: für mehr Sport, die richtige Diät, die Konsolidierung der Finanzen, die Arbeitssuche oder die Entrümpelung der Wohnung. Auch auf psychosozialem Gebiet gibt es im englischsprachigen Raum Bücher, mit denen man seine Genesung (Recovery) planen kann. Systematisch werden wichtige Lebensbereiche bedacht und dann gestaltet. Nichts anderes wird im Behandlungs- und Rehabilitationsplan in der Eingliederungshilfe verlangt, auch hier soll man Ziele formulieren und dann planen, wie man diese wann erreicht. Kommt also alles nur auf einen guten Plan an?

SVENJA An dieser Stelle möchte ich mich etwas skeptisch zu der verbreiteten Planungswut in Ratgebern positionieren. In meinem Leben sind die wichtigsten Dinge ungeplant passiert. Ja: Sie waren sogar unplanbar, einer Planung unzugänglich. So etwa die Arbeitsstelle nach einiger Zeit in der Arbeitslosigkeit. Aber auch vorher die Arbeitslosigkeit nach Jahren des Studiums. Desgleichen die Kaskade von positiven Entwicklungen mit einer neuen Arbeitstätigkeit. Das neue Studium mit der ungeplanten persönlichen und fachlichen Weiterentwicklung. All diese wichtigen Schritte in meinem Leben folgten keinem Plan, ja sie widersprachen oft meinen Plänen.

In meinen Augen ist das Leben nicht planbar, weder in den Dingen, die schiefgehen, noch in den Dingen, die gut gehen. Wir können und sollen uns anstrengen, wir sollen an uns arbeiten und versuchen, uns weiterzuentwickeln. Wir sollen immer wieder einen Schritt nach dem nächsten machen. Aber planen lässt sich eine Genesung nicht.

Leben heißt erleben, nicht planen und ausführen. Wir können planen, einen bestimmten Betrag für ein neues Sofa jeden Monat zurückzulegen. Wir können auch einen Urlaub planen. Dass ein Notfall unsere Rücklagen verschlingt, kann all unsere Pläne zunichtemachen. Selbst der Urlaub kann entgegen unseren Plänen verregnet oder langweilig sein. Was ich sagen will: Wir können unser Handeln ein Stück weit planen, aber wir können nicht planen, was das Tun uns dann bedeutet, wie es sich anfühlt, ob es uns guttut.

Damit ein Ziel planbar ist, muss es konkret und durch unser Handeln erreichbar sein. Genesung kann kein solches Ziel sein, da dazu viele Faktoren, die nicht unserer Kontrolle unterliegen, zusammenkommen müssen. Auch andere große Veränderungen in unserem Leben sind nicht planbar. Oft verlangen sie eine Entwicklung über einen längeren Zeitraum hinweg. Einfache kleine Schritte können den Weg bereiten, aber planbar ist er nicht.

Darum also folgende Tipps:

- Erwarten Sie keine Wunder. Eine Rückkehr ins Berufsleben, eine bessere Alltagsgestaltung, gute Freunde, eine Partnerschaft hängen zum Teil von externen Faktoren ab, zum Teil von Ihrer eigenen Entwicklung und Offenheit dafür.
- Versuchen Sie, den nächsten Schritt zu erkennen, und setzen Sie konsequent einen Fuß vor den nächsten.

- Nehmen Sie Kontakt zu anderen Menschen auf und üben Sie sich im (Gedanken-)Austausch. Dadurch bekommen Sie weitere Anregungen für Ihr Leben, die Sie annehmen oder auch verwerfen können.
- Suchen Sie sich Hilfe, versuchen Sie, ein soziales Netz aufzubauen, sodass Sie Unterstützung erhalten.
- Machen Sie keine großen Pläne auf viele Jahre hinaus. Planen Sie gut den für Sie jetzt überschaubaren Zeitraum.
- Sorgen Sie für Notfälle vor. Wer unterstützt Sie dann? Haben Sie dann Ersparnisse und sind Sie abgesichert?
- Seien Sie offen für das, was ungeplant und ungebeten möglich ist in Ihrem Leben.

WEITERLESEN

Für alle, die doch ihre Genesung planen wollen:
http://www.pflege-in-der-psychiatrie.eu/recovery-neu.htm
Hier gibt es ein E-Book, eine Übersetzung aus dem Englischen, in dem die Autoren dazu ermutigen möchten, den eigenen Recoveryweg zu planen.

Lernen und sich entwickeln

Bis heute hat die Forschung nicht klären können, wie genau psychische Probleme entstehen. Allerdings zeigt die Erfahrung, dass zum Beispiel junge Menschen, die eine Psychose entwickeln, teilweise Probleme mit dem Selbstwert haben, Beziehungen zu anderen Menschen als schwierig erleben und nur mit Mühe beruflich und privat einen Platz in der Welt finden. Wenn dann noch akute Belastungen dazukommen, reagiert so mancher psychotisch. Auch Depressionen, Angsterkrankungen und andere psychische Probleme können Reaktionen auf krisenhafte Erfahrungen und Zweifel an den Fähigkeiten der eigenen Person sein.

Wenn dann die psychische Krise erst da ist, scheint der Weg weit zu dem Leben, das jemand sich mal gewünscht hat. Probleme türmen sich auf, ganz viele, man weiß gar nicht, wo man anfangen soll, grübelt nur noch, aber ohne durchschlagende Ergebnisse. Die Ziele, die man hat, sind weit weg, und der Weg hin zu einer Berufstätigkeit und einem erfüllten Privatleben scheint blockiert zu sein. Wenn dann noch Versuche, etwas zu ändern, in Sackgassen und zu Rückschritten führen, scheint man gefangen zu sein in einer schwierigen Lebenssituation.

Vielleicht kommt Ihnen das bekannt vor? Der Schlüssel zu einer Veränderung heißt: lernen und an sich arbeiten. Kompetenzen dazugewinnen. Selbstständigkeit verbessern. Geduld und Gelassenheit üben. Wenn Sie keine Arbeit haben, ist das ein Problem, das nicht nur durch Ihre Person und Ihr Verhalten erklärbar ist, sondern auch mit gesellschaftlichen, wirtschaftlichen und politischen Verhältnissen zusammenhängt. Umgekehrt ist Arbeit keine Garantie für eine positive Veränderung in Ihrem Leben. Genauso ist es mit Partnerschaften und Freundschaften. Psychisch erkrankte Menschen leben wegen ihrer Stigmatisierung öfter allein und zurückgezogen als Gleichaltrige. Da liegt in der Gesellschaft viel im Argen. Und doch: Wenn plötzlich ein Mensch in Ihr Leben tritt, wird er es mit Sicherheit verändern, aber in welche Richtung, das muss sich erst noch zeigen.

Die äußeren Umstände sind wichtig und können belastend sein. Aber eine positive Veränderung der äußeren Umstände allein wird oft wenig bewirken können. Auch ein Lottogewinn macht die meisten Menschen mittelfristig nicht glücklicher, als sie vorher waren, das ist erforscht! Das Paradoxe ist, dass zum Beispiel ein Obdachloser natürlich ganz viele Probleme nur deshalb hat, weil er keine Wohnung hat. Und dennoch braucht es mehr als nur eine Wohnung, um ihm zu helfen. Genauso wird so mancher Mensch, der aufgrund einer psychischen Erkrankung in schwierige äußere Lebensumstände geraten ist, bestimmte Probleme nur wegen der schwierigen Umstände haben. Aber die Frage ist eben auch, ob er sich – zusammen mit den äußeren Umständen – verändern kann.

Bei einem Langzeitbezug von Hartz IV entfernt sich ein Mensch Stück für Stück von dem kompetenten Arbeitnehmer, der er vielleicht einmal war. Aufgrund diverser neuer Angewohnheiten und Verlegenheitslösungen kann er dann irgendwann auch eine Chance in seinem alten Beruf nicht mehr gut für sich nutzen.

Denn der Mensch bleibt nicht, wie er einmal ist. Wir verändern und entwickeln uns jeden Tag. Wir finden immer wieder aufs Neue ein Gleichgewicht zwischen Persönlichkeit, Verhalten und Lebensumständen. Die Frage ist nur: In welche Richtung kann ich mich gut entwickeln? Und wie kann ich dafür sorgen, dass ich mich gut weiterentwickle, sodass meine Ziele und Lebensvorstellungen verwirklicht werden können?

Hier sind einige Beispiele, die oft zu guten Entwicklungen führen:

- ein längerfristiges kreatives Projekt gestalten;
- ein soziales Ehrenamt ausüben;
- sich einer Gruppe anschließen, die sich mit dem Leben auseinandersetzt;
- ein Fach studieren oder eine Ausbildung machen, die Sie wirklich interessiert und begeistert;
- gute Bücher lesen;
- die Beziehung mit einem Menschen vertiefen, sich über Wichtiges mit ihm austauschen;
- sich für eine Tätigkeit begeistern;
- eine Psychotherapie machen;

- eine Selbsthilfegruppe besuchen;
- an kulturellen Veranstaltungen teilnehmen;
- sich herausfordern, sich ein Projekt vornehmen, das schwierig ist;
- sich von einem Mentor begleiten lassen;
- eine gute Zeitung jeden Tag lesen;
- sich Feedback von anderen geben lassen;
- anderen Menschen gut zuhören, sich einfühlen;
- sich fragen, wofür Sie im Leben dankbar sein können;
- Selbstreflexion;
- Sport.

Diese Liste ist keineswegs vollständig, aber sie vermittelt einen Eindruck, dass Lernen und sich mit anderen Menschen und damit auch mit dem Leben auseinanderzusetzen zu positiven Entwicklungen führen.

Wichtig für solche Entwicklungsprozesse ist, Alternativen zu schädigenden Verhaltensweisen zu entdecken und wahrzunehmen. Auch jemand, der in Armut lebt, hat Optionen; sie mögen kleiner sein als bei einem großen Budget, aber es gibt eigentlich fast immer Alternativen zu problematischen Verhaltensweisen. Wenn Sie merken, dass Sie nicht gut für sich selbst sorgen, dass Sie von anderen in eine Richtung gedrängt werden, die Ihnen nicht gefällt, dann fragen Sie sich, was die Alternative sein könnte. Das bewusste Suchen und Sehen von guten Alternativen auch in schwierigen Situationen führt zu positiven Entwicklungen.

Wovon wir überzeugt sind, ist, dass Sie Ihr Leben jetzt, vielleicht auch in benachteiligten Situationen, gestalten und die Spielräume, die da sind, nutzen können. Wir möchten Ihnen Tipps geben, wie Sie Ihr Leben jetzt gut und verantwortlich gestalten und sich dem Glück in zielstrebigen Schritten annähern können. Die äußeren Umstände sind auch wichtig, und es ist traurig und manchmal sogar tragisch, wenn Dinge da im Argen liegen. Aber wer auf ein Wunder hofft, den tollen

Partner, die wunderbare Arbeit und das große Einkommen, die schöne Wohnung, die Kinder – der wird vielleicht lange Zeit unglücklich sein und sich dann im Alter fragen, was er im Leben erreicht hat. Suchen Sie stattdessen lieber nach Möglichkeiten, sich weiterzuentwickeln und auch heute schon glückliche Momente zu erleben.

Machen Sie sich nicht kleiner, als Sie sind. Dass Sie zu diesem Buch gegriffen haben, zeigt, dass Sie selbstständiges Denken schätzen, dass Sie bereit sind, Ihr Leben infrage zu stellen und neue Wege zu gehen.

▪▪ Nur Mut!

Liebe Leserin, lieber Leser, Sie haben sicherlich schon gemerkt, dass dieses Buch ein bisschen anders ist als so manch anderer Ratgeber. Es gibt solche, die versprechen Ihnen ein glückliches Leben, wenn Sie einige einfache Regeln befolgen. Oder bestimmte Übungen machen. Oder sich eine bestimmte Einstellung aneignen. Dann kann vermeintlich gar nichts schiefgehen, und Ihr Leben wird traumhaft schön.

So einen Ratgeber wollten wir nicht schreiben. Wir finden solche Versprechungen nicht nur unrealistisch, uns gefällt auch nicht, was im Hintergrund solcher Versprechungen immer mitschwingt: Wer es nicht schafft, die verordneten Regeln zu befolgen, die vorgeschlagenen Übungen zu machen, eine positive Haltung einzunehmen, ist dann schnell selbst schuld, wenn es mit dem guten Leben nicht klappt. Das finden wir zynisch. Wir denken eher, das Leben ist so eine Art Gemischtwarenladen. Da wird es immer gute und schlechte Ereignisse, positive und schwierige Entwicklungen geben, Blütezeiten und Durststrecken. Überhaupt, die persönliche Entwicklung eines Menschen: Nach unserer Erfahrung verläuft sie meist nicht geradlinig, folgt selten irgendeinem noch so ausgeklügelten Plan. Vielmehr sind Entwicklungswege oft verschlungen, bewegen sich im Zickzack oder vor und zurück, es gibt manchmal große Sprünge nach vorn, dann wieder Phasen des vermeintlichen Stillstands oder gar des Rückschritts.

Einen garantierten und sicheren Weg zu einem guten Leben können wir Ihnen nicht anbieten, nur Erfahrungen und im Selbstversuch sowie im Austausch mit anderen gesammelte Anregungen und Tipps. Vielleicht sind ja Vorschläge dabei, die Ihnen gefallen und die Sie mal ausprobieren möchten. Vielleicht bringen unsere Hinweise Sie auch auf eigene und ganz andere Ideen. Vielleicht nutzen Sie dieses Buch aber auch eher als Motivationshilfe, um sich selbst Mut zu machen, dass es auch aus einer schwierigen und als unbefriedigend erlebten Situation Auswege gibt, so wie Fritz Bremer es in einem kleinen Gedicht beschrieben hat:

Selbstermutigungsgedicht

als sie keinen
Ausweg wusste
dachte sie
sich einen aus

als sie das
zu Ende dachte
war sie
aus dem Gröbsten raus

© Fritz Bremer: Wirklichkeit ist ein seltsames Wort. Selbstverlag, Neumünster 2016

Das Gedicht funktioniert natürlich auch mit der männlichen Form (»als er keinen Ausweg wusste«).

Wodurch fühlen Sie sich ermutigt? Vielleicht durch Geschichten von anderen Psychiatrie-Erfahrenen, die »es geschafft« haben? Dann suchen

Sie solche Geschichten, und suchen Sie auch die Nähe der Menschen, von denen sie erzählen! Am Ende des Kapitels »Lebensentwürfe« finden Sie Bücher mit Lebensgeschichten von Betroffenen, die wir beeindruckend finden. Lassen Sie sich gerne davon anregen!

Aber vielleicht geht es Ihnen mit solchen Geschichten ganz anders: Sie fühlen sich beim Lesen nicht ermutigt, sondern vielmehr deprimiert. Etwa, weil Sie das Gefühl haben, diese »erfolgreichen« Psychiatrie-Erfahrenen hätten einfach eine riesige Portion Glück gehabt, das Sie nicht haben. Oder Sie denken, dass das, was die anderen geschafft haben, so weit weg von Ihrer eigenen Realität ist, so unerreichbar für Sie, dass die guten Beispiele eher Ihre Verzweiflung mehren. Oder vielleicht sind auch die angestrebten Ziele für Sie nicht attraktiv. In diesem Buch haben wir mehrfach auf die Chancen durch EX-IN-Kurse hingewiesen. Wir wissen aber ganz gut, dass längst nicht alle Betroffenen so einen Kurs machen möchten und viele auch nicht auf dieser Basis selbst einmal im psychiatrisch-psychosozialen Bereich tätig sein möchten. Manche möchten von diesem ganzen Psychiatrie-Kram möglichst wenig wissen und sich in ihrem Leben ganz anderen Dingen widmen. Auch das ist nachvollziehbar und legitim!

Was uns beiden Autorinnen Kopfzerbrechen bereitet, ist die Frage, ob Sie sich durch unsere Anregungen und Denkanstöße eher motiviert oder eher »heruntergezogen« fühlen. Es kann natürlich sein, dass unsere Vorschläge zu Ihrer Situation überhaupt nicht passen. Dann tut uns das leid. Was uns allerdings noch mehr leidtun würde, ist, wenn Sie das Gefühl haben, Sie könnten unsere Tipps gar nicht umsetzen. Etwa, wenn Sie diese schon ein- oder zweimal erfolglos ausprobiert haben. Es hat einfach nicht funktioniert und nichts ist besser geworden. Oder wenn Sie von vornherein bei vielen Vorschlägen denken: »Das liest sich gut und schön, aber ich schaffe das sowieso nicht!« Wenn Sie sich wie eine

Versagerin, ein Versager vorkommen. Das würde uns wirklich leidtun. Suchen Sie die Schuld nicht bei sich. Vielleicht waren unsere Vorschläge nicht die richtigen für Sie, vielleicht haben wir Ihnen zu große oder zu kleine Schritte vorgeschlagen (Ja, auch das gibt es: dass eine Person scheitert, weil sie zu vorsichtig ist, sich zu wenig zutraut und nicht den tollen Erfolg erleben kann, den das Erreichen eines ehrgeizigen Ziels bedeutet). Wenn das so ist, wandeln Sie unsere Hinweise ab, machen Sie sie für sich passend. Denken Sie sich neue aus, auf die wir bisher gar nicht gekommen sind.

Aber auch hier kann es sein, dass nicht alles gleich klappt. Langfristige positive Entwicklungen brauchen unseren Erfahrungen nach viele kleine Schritte, viel Übung und viel Ausdauer. Psychiatrie-Erfahrene, die mit ihrer Erkrankung gut zurechtkommen und zufrieden mit ihrem Leben sind, haben in der Regel immer wieder aufs Neue Dinge hinterfragt, versucht, diese vorsichtig zu ändern, haben gute Beziehungen und eine für sie passende Lebensweise über Jahre hinweg aufgebaut. Erwartungen nach dem Motto »Ich setze die Medikamente ab und alles wird besser« erfüllen sich extrem selten. Ein Wunder können wir Ihnen also nicht versprechen, kein gutes Leben mithilfe einiger einfacher Tipps und Tricks. Aber ein gutes Leben ist auch nicht unerreichbar: Auch wenn positive Entwicklungen oft Jahre brauchen, manchmal merkt man auch sehr schnell, dass man auf dem richtigen Weg ist.

SVENJA In meinem Leben gab es mitten in der Arbeitslosigkeit eine Art Wendepunkt, als ich innerhalb weniger Wochen meine Lebensqualität sehr deutlich verbessern konnte. Ich hatte immer noch nur sehr wenig Geld, kaum soziale Kontakte und wenig Hoffnung, bald eine Arbeit zu finden, fand aber die Kraft, die schwierige Situation zu akzeptieren. Anstatt auf die nächste Bewerbung zu hoffen, gelang es mir, das Mögliche zu tun, etwa die Wohnung schöner zu gestalten und einmal die Woche einen kleinen Ausflug zu machen. Ich ging regelmäßig ins Fitnessstudio und war stolz, dass es mir gelang, das durchzuhalten. Und ich begann, wieder – und diesmal ganz andere – Texte zu schreiben. Das alles fand binnen weniger Wochen statt und verbesserte meine Lebensqualität sehr spürbar. Manchmal ist ein besseres Leben unmittelbar in der Nachbarschaft zu finden!

Was haben Sie schon ausprobiert, womit haben Sie gute Erfahrungen gemacht? Gehen Sie kreativ mit dem Inhalt dieses Buches um! Wir versprechen Ihnen keine goldenen Berge oder immerwährend rosige Aussichten, sind auch nicht der Meinung, nur unsere Sichtweise sei die einzig richtige. Wir wünschen uns nur, dass Sie sich mit unseren Anregungen auch ernsthaft auseinandersetzen und, falls Sie sie verwerfen wollen, dies nicht vorschnell tun. Wir wünschen uns, Ihre eigene Kreativität in Gang zu setzen und zu fördern. Schreiben Sie Ihre eigenen Ideen zum guten Leben auf, diskutieren Sie diese mit anderen, offline und online. So etwas wie eine – natürlich undogmatische – Ratgeberkultur von Betroffenen für Betroffene zu entwickeln, das wäre schön!

Mein Alltag

Stress abbauen, nicht vermeiden

Von Profis heißt es immer: »Psychische Erkrankungen sind Stresserkrankungen. Sie sind besonders anfällig für Stress! Sie sollten darum Stress vermeiden!« Wir haben schon so manchen Betroffenen kennengelernt, der Bammel vor einer beruflichen Chance hatte, weil das ja schließlich stressig ist. Andere vermeiden manche Arten von Beziehung, denn auch damit kann Stress verbunden sein.

Uns scheint, dass Stress in einem erfüllten Leben unvermeidbar ist. Wer arbeitet oder sich irgendwie engagiert, wird auch mal Stress haben. Wer mit anderen Menschen vernetzt ist, wird ab und zu Stress haben. Stress vermeiden hieße Leben vermeiden. Stress reduzieren hieße Leben reduzieren.

Was aber kann man machen, wenn man Stress nicht vermeiden, aber auch möglichst gesund leben will?

Die Antwort ist: Dauerstress abbauen, für wirksame Entspannungsphasen sorgen. Dauerstress ist ein Problem. Entspannungsphasen sorgen für Erholung und erhalten gesund.

Überlegen Sie doch einmal, auf welche Weise Sie in der Vergangenheit Stress abbauen konnten. Überlegen Sie aber auch, ob der Stressabbau nachhaltig war. Eine Zigarette oder ein Glas Bier können zu kurzfristiger Entspannung führen, langfristig wird eine solche Strategie gesundheitliche Schäden verursachen. Suchen Sie nach Möglichkeiten, sich zu entspannen, die wirksam und langfristig funktionieren. Beispiele wären:

- Sport machen;
- spazieren gehen;

- ein Bad nehmen;
- sich um den Haushalt kümmern;
- sanfte Musik hören;
- Kerzen anzünden;
- Entspannungsübungen machen;
- Baldriantee oder anderen Kräutertee trinken;
- einer Vertrauensperson erzählen, was Sie belastet;
- mit Freunden oder Familienangehörigen lachen;
- ohne Wecker ausschlafen;
- gemütlich zu Hause sein;
- Entspannendes lesen;
- einige Tage gar nicht arbeiten;
- krankschreiben lassen.

Erstellen Sie doch mal eine Liste mit den Dingen, die Sie in der Vergangenheit entspannt haben. Dann prüfen Sie die alle noch mal auf ihre langfristige Wirkung und streichen die schädlichen Verhaltensweisen. Wenn Sie sich dann gestresst fühlen, suchen Sie sich etwas aus, was stehen geblieben ist.

Wer Stress abbaut und nicht vermeidet, hat mehr vom Leben. Stressbewältigung erlaubt es, auch stressige, aber erfüllende Aktivitäten im Leben zu haben. Eine Stresserkrankung wird nur zum Problem, wenn der Stress dauerhaft da ist, wenn er sich nicht mit Entspannung abwechselt. Also suchen Sie Stress und Entspannung!

Eine Einschränkung würden wir machen: Wenn etwas so stressig wird, dass der Stress nicht mehr abgebaut werden kann, dann sollten Sie diese Aktivitäten vermeiden. Stress muss sich abbauen lassen, um verträglich zu sein. Also bitte nicht überfordern und dann vom Baldriantee Wunder erwarten!

▬ ▬ Sparsamkeit

Wenn Sie wie wir beide schon beträchtliche gesundheitliche Turbulenzen erlebt haben, ist es leider von überwältigender Wahrscheinlichkeit, dass Sie zumindest phasenweise von staatlicher Unterstützung leben müssen. Viele Menschen mit mehreren Krankheitsepisoden machen irgendwann die Erfahrung, dass das Geld wirklich knapp ist, dass nicht mehr als Grundsicherung auf das Konto kommt. Insofern sind auch viele psychiatrieerfahrene Menschen an Sparsamkeit interessiert.

Das mit der Sparsamkeit ist jedoch eine sehr subjektive Sache. Manch einer findet sich sparsam, wenn er Produkte mit einem Preisnachlass kauft. Ein anderer traut sich nicht, jeden Tag zu duschen, um Wasser zu sparen. Wieder ein anderer würde nie ein Brot beim Bäcker kaufen, weil es teurer ist als im Supermarkt. Man kann es aber auch sparsam finden, einen kleinen Riestervertrag zu bedienen. Was also heißt Sparsamkeit genau, kann man das irgendwie eingrenzen oder definieren?

Wahrscheinlich gibt es da keine allgemeingültigen Maßstäbe. Uns geht es nicht um Sparsamkeit als Selbstzweck, sondern darum, innerhalb eines sehr engen finanziellen Rahmens möglichst gut zu leben.

SVENJA Für mich ist wichtig, mit meinem Geld auszukommen, also keine Schulden zu machen und einen kleinen Notgroschen anzusparen. Auch in den Zeiten mit Hartz IV war ein Ziel für mich, von dem bisschen Geld möglichst gut zu leben. Das hieß für mich, gesund zu essen, in ein preiswertes Fitnessstudio zu gehen und einmal die Woche einen Ausflug in die Natur oder ein Museum zu machen.

SIBYLLE In meinen »knappen« Zeiten ist es mir nicht gelungen, einen Notgroschen anzusparen. Manchmal musste ich Schulden machen. Ich bin solche Verpflichtungen aber immer sehr vorsichtig eingegangen und konnte so alles pünktlich und vollständig zurückzahlen. Was mir zugutekommt, ist, dass sich meine Wünsche und Sehnsüchte meist nicht auf Materielles beziehen. Ausgedehnte Shoppingtouren sind kein Hobby von mir. Die einzigen teuren Gegenstände, die meine Begehrlichkeit weckten, waren Bücher. Die gibt es leihweise in der Bibliothek, kostenlos in Büchertauschregalen oder für kleines Geld auf Flohmärkten.

Um mit wenig Geld auszukommen, muss man sein Einkommen und seine monatlichen Verpflichtungen genau kennen. Normalerweise sind das Miete und Heizkosten, Strom, Kosten für die öffentlichen Verkehrsmittel oder den Unterhalt eines Fahrzeugs, Telefon und Internet. Als Erstes sollten Sie mal ausrechnen, wie viel jeden Monat reinkommt und für diese unabdingbaren Posten rausgeht.

Dann brauchen Sie Geld für Lebensmittel. Es empfiehlt sich, einen Wocheneinkauf bei einem Discounter zu machen und genau zu planen (hier ist Planen sinnvoll), was Sie die Woche über brauchen. Wenn Sie sich eine Einkaufsliste machen, können Sie besser nachdenken, was Sie wirklich brauchen für eine gesunde und leckere Ernährung.

Der nächste unabdingbare Posten ist Wäschepflege, Körperpflege, Friseur, Wohnungspflege. Dann kommen vielleicht noch Kontoführungsgebühren und kleine Versicherungen wie eine Haftpflichtversicherung dazu. Möglicherweise auch Medikamentenzuzahlungen, von denen Sie sich aber bis auf einen gewissen Betrag auch befreien lassen können. Rechnen Sie doch mal die Kosten für all dies zusammen. Und: Wenn Sie all das bezahlen, haben Sie bereits eine gewisse Grundlebensqualität.

Auch wenn Sie von Hartz IV oder Grundsicherung leben, sollte nach Abzug all dieser Grundkosten noch etwas übrig bleiben. Und damit können Sie spielen. Fitnessstudio, Bücher, Kino, Kleidung, Musik, Kaffeetrinken oder vielleicht ein Haustier. Das ist dann Ihre Entscheidung.

Es kann auch sehr sinnvoll sein, einige Zeit ein Haushaltsbuch zu führen. Sie erhalten so einen Überblick, wofür Sie Ihr Geld wirklich ausgeben und wo es vielleicht Einsparmöglichkeiten gibt. Vielleicht werden Sie auch erstaunt feststellen, dass Sie für Lebensmittel gar nicht so viel ausgeben, wie Sie meinen, sondern dass das meiste Geld woanders hingeht. Solche Haushaltsbücher können Sie im Schreibwarengeschäft kaufen, es gibt sie manchmal gegen eine kleine Gebühr bei Sparkassen oder Verbraucherzentralen.

SVENJA Ich habe gute Erfahrungen mit einem selbst gebastelten Haushaltsbuch in Microsoft Excel gemacht. Wenn Sie bestimmte Kategorien festlegen – Lebensmittel, Drogeriemarkt, Unterhaltung und Reisen, Kleidung usw. –, können Sie für jeden Tag des Monats den Betrag eingeben, den Sie in dieser Kategorie an diesem Tag ausgegeben haben. Wer sich ein bisschen auskennt mit Microsoft Excel (oder jemanden kennt, der sich auskennt), kann leicht die verschiedenen Beträge für den Monat zusammenzählen und von den Einnahmen abziehen. Dann sehen Sie jeden Tag, wie viel Geld für den Rest des Monats noch übrig ist.

Überlegen Sie immer zuerst, ob Sie ein wirkliches Bedürfnis nach etwas Bestimmtem haben, dann, was Sie dazu genau brauchen. Informieren Sie sich. Schließlich müssen Sie überlegen, wann Sie das Geld dafür zusammenhaben. Dann gehen Sie einkaufen. Noch ein paar grundsätzliche Tipps:

- Informieren Sie sich vor größeren Anschaffungen bei der Stiftung Warentest im Internet.
- Nutzen Sie Preis-Leistungs-Vergleiche in Internetportalen.
- Bevor Sie Verträge eingehen, recherchieren Sie gut, wo das Preis-Leistungs-Verhältnis stimmt.
- Elektronikartikel können Sie im Internet stark ermäßigt kaufen, wenn Sie nicht topaktuelle Modelle auswählen. Vorsicht aber, wenn diese aktuelle Software brauchen.
- Kleidung können Sie gut einige Wochen vor den Schlussverkäufen zu reduzierten Preisen kaufen, zum Beispiel kurz vor und nach Weihnachten und nach den Sommerferien.
- Kaufen Sie nichts, nur weil es preiswert ist.

Nutzen Sie als Einkaufsquellen auch gerne Gebrauchtartikelbörsen, Sozialkaufhäuser, Flohmärkte. Gartenbesitzer geben oft Obst oder Gemüse ab, das sie selbst nicht verwerten können. Überlegen Sie, ob Sie etwas wirklich selbst kaufen müssen oder sich das auch irgendwo leihen könnten, wie Bücher und CDs zum Beispiel aus der Stadtbibliothek oder von Freunden. Es gibt mittlerweile eine boomende Share-Bewegung, dort werden Gegenstände, die man nur gelegentlich braucht, wie etwa Bohrmaschine oder Waffeleisen, auch unter Fremden ausgeliehen. Im Internet gibt es etliche Foren, in denen Gegenstände (z. B. Kleidung) verschenkt oder getauscht werden. Selbst Urlaube können so preiswert gestaltet werden, zum Beispiel durch das sogenannte Couchsurfing (man übernachtet bei Wildfremden, die ein Bett zur Verfügung stellen), oder man kann bei Gastgebern im Garten zelten.

In vielen Städten gibt es spezielle Ausweise für Menschen mit sehr niedrigem Einkommen, die damit Ermäßigungen erhalten, zum Beispiel für Monatstickets des öffentlichen Nahverkehrs, den Eintritt in Schwimmbäder oder zu kulturellen Veranstaltungen. Nutzen Sie solche

Ausweise. Versuchen Sie, das Auskommen mit wenig Geld auch ein wenig sportlich zu nehmen. Werden Sie zum Experten, zur Expertin für Freizeitaktivitäten, die nichts oder wenig kosten. Mit Bekannten im Park Federball zu spielen ist ohne Vereinszugehörigkeit möglich. Manchmal gibt es kostenlose Konzerte, etwa in Kirchen. Organisieren Sie Spieleabende, ein Karten- oder Brettspiel wird sicher jemand haben.

Fragen Sie sich auch, was Sie selbst herstellen oder reparieren können, statt es neu zu kaufen. Vielleicht kennen Sie jemanden, der das kostenlos oder gegen wenig Geld für Sie tun würde? Vielerorts gibt es Repair-Cafés, wo Sie defekte Geräte reparieren können. In einigen Städten gibt es Broschüren, die Tipps geben für kostenlose oder preiswerte Möglichkeiten, einzukaufen oder sich zu vergnügen.

Auch hier gilt: Wenn Sie einen Menschen kennen, der mit wenig Geld gut zurechtzukommen scheint, kommen Sie mit ihm ins Gespräch und versuchen Sie, herauszufinden, wie er das macht.

Bei aller Sportlichkeit und Kreativität achten Sie aber auch darauf, dass Sie wirklich das Geld bekommen, das Ihnen zusteht: Unnötige Einschränkungen müssen nicht sein! Wenn Ihnen Geld von Ihrem Einkommen oder Ihrer Grundsicherung abgezogen wird oder Ihre Anträge auf Wohngeld oder andere Sozialleistungen abgelehnt werden und Sie das unbegründet finden, legen Sie Widerspruch ein und suchen Sie sich Hilfe, um Ihre Rechte geltend zu machen! Wenden Sie sich an eine unabhängige Beratungsstelle (www.teilhabeberatung. de), einen Sozialarbeiter, gegebenenfalls einen Rechtsanwalt. Fehlende Teilhabemöglichkeiten können manchmal durch das sogenannte Persönliche Budget oder andere Fördermöglichkeiten ausgeglichen werden. Machen Sie sich kundig!

Wir Autorinnen würden uns auch freuen, wenn Sie noch etwas Kraft und Zeit aufbringen könnten, sich auf politischer Ebene – und sei es durch Teilnahme an entsprechenden Unterschriftenaktionen – dafür einzusetzen, dass Menschen mit unseren Problemen eine bessere finanzielle Absicherung erhalten und eine psychische Erkrankung nicht auch noch mit Armut »bestraft« wird.

Wenn Sie nur Hartz IV oder Grundsicherung bekommen, wird Ihnen das Leben große Selbstdisziplin abverlangen. Dann ist einfach kein Geld da für Spontaneinkäufe im Shoppingcenter oder abendliche Restaurantbesuche. Das ist hart. Doch seien Sie nicht zu hart mit sich, planen Sie auch etwas Geld für vermeintlich unnötige Ausgaben wie Leckereien oder Kino ein, für etwas, was Ihr Leben schöner macht. Machen Sie es sich schön, auch wenn Sie wenig Geld haben. Manche schönen Dinge kosten gar nicht viel. Sparen Sie nicht unnötig an Lebensgefühl und Wohlbefinden.

SVENJA Auch wenn Sie sparen müssen, möchte ich Ihnen empfehlen, auch mal etwas zu verschenken und kleine Summen zu spenden, ohne etwas im Gegenzug zu erwarten. Ich fühle mich besser, wenn ich auch etwas für andere tue. Geld ist für mich kein Selbstzweck, sondern das, was es in dieser Gesellschaft braucht, um gut leben zu können.

WEITERLESEN

Stiftung Warentest: www.test.de

Finanztipps: www.finanztip.de

Geld und Haushalt: www.geldundhaushalt.de

Im Internet gibt es verschiedene Portale, wo Sie kostenlose Haushaltsbücher herunterladen können. Aber schauen Sie genau hin, es gibt auch kostenpflichtige Varianten! Gedruckte Fassungen können Sie im Handel oder bei den Verbraucherzentralen kaufen.

Von den mittlerweile vielen Ratgebern zum Umgang mit Geld, der sowohl die täglichen wie auch die langfristigen Ausgaben im Blick hat und bei Schulden helfen kann, möchten wir diesen empfehlen:

Hedwig Kellner: Die Kunst, mit meinem Geld auszukommen. 7. Auflage, München 2009.

Und noch ein Ratgeber, damit Sie bei Transfereinkommen wissen, was Ihnen zusteht:

Widerspruch e. V. Bielefeld: Wie sichere ich meinen Lebensunterhalt? Arbeitslosengeld II, Sozialhilfe, Grundsicherung. Wegweiser durch den Amtsdschungel. 6., aktualisierte Auflage, 2017. Für 14 Euro direkt bei Widerspruch e. V., Sozialberatung, Rolandstr. 16, 33615 Bielefeld, erhältlich.

Dieser Leitfaden gibt in einfacher und verständlicher Sprache Auskünfte über die wichtigsten Fragen rund um die Sozialleistungen.

Haushaltsführung mit wenig Geld

Die meisten Psychiatrie-Erfahrenen führen einen eigenen Haushalt. Oft ist das Geld knapp. Und so manche Symptomatik erschwert es, alles sauber und ordentlich zu halten. Leider gibt es einen Zusammenhang zwischen der Arbeit, die man in den Haushalt investiert, und dem Wohlbefinden, das sich einstellt. Die meisten Menschen fühlen sich nicht wohl in einer unsauberen und unaufgeräumten Wohnung. Dazu kommt das ständige schlechte Gewissen, dass man sich doch aufraffen sollte. Darum also zuerst dieser vielleicht unangenehme Tipp: Betrachten Sie Ihren Haushalt auch als einen Arbeitsplatz, einen Ort, in den Sie Arbeit investieren.

Wer kocht, vielleicht auf Vorrat für einige Tage, mit viel frischem saisonalem Gemüse und wenig Fleisch, der spart nicht nur Arbeit, sondern auch Geld und schont überdies das Klima. Wer sich jede Woche überlegt, was er kochen möchte, dann einen Wocheneinkauf macht und vorher auch noch einmal in die Schränke zu Hause blickt, um zu sehen, was man daraus verbrauchen könnte, der wird sich sehr günstig und durchaus gesund ernähren können. Rezepte gibt es von Mama und Oma oder den entsprechenden Seiten im Internet kostenlos. Kochen macht Arbeit, aber auch Spaß, und es ist viel gesünder und preiswerter als Fertigprodukte.

Hausarbeit ist eine leichte körperliche Arbeit und so auch eine gute Therapie bei Grübeln, Antriebsarmut, Ängsten oder anderen Problemen. Eine saubere, aufgeräumte Wohnung ist eine schöne Belohnung für eine Arbeit, die sogar gut für jemanden ist, der seelisch manchmal aus dem Gleichgewicht gerät. Versuchen Sie, dem Putzen und Waschen etwas Positives abzugewinnen und es fest in Ihren Alltag einzubauen.

Wenn Sie nicht so genau wissen, wie ein Bad geputzt wird oder wie die Fenster, lassen Sie es sich von jemandem zeigen. Die meisten Psychiatrie-Erfahrenen verbringen viel Zeit in ihrer Wohnung. Wäre es nicht schön, wenn Sie sich zu Hause so richtig wohlfühlen? Lohnt sich da nicht die Arbeit, die Sie in Ihre Wohnung investieren?

SIBYLLE Mir ist klar, dass der Hinweis, Hausarbeit (und ihr Ergebnis) sei eine prima Therapie und gut für die Seele, die Lust daran nicht weckt. Zwar ist eine leichte körperliche Arbeit erwiesenermaßen eine gute Therapie, aber vielen Menschen mit und ohne Psychiatrie-Erfahrung fällt Hausarbeit oft unendlich schwer, ja, scheint fast unbewältigbar. Diese oft drückende Alltagslast hat natürlich eine Geschichte, die bei jedem etwas anders ist. Doch auch dann gibt es Wege, mit der Hausarbeit zurechtzukommen.

Eine Methode, die ich gerne mal einsetze, ist die sogenannte »Ordnungsinsel«. Das heißt, ich habe nicht den Anspruch, dass die ganze Wohnung aufgeräumt sein muss, sondern halte bestimmte Bereiche, in denen ich mich oft aufhalte oder in denen ich Gäste empfange, in Ordnung. Das klappt nicht immer, aber oft.

Für viele hat sich das Einhalten fester Zeiten zum Putzen und Aufräumen bewährt. Also einen Tag in der Woche, zum Beispiel den Samstag, zum Putztag zu erklären und dann alles in einem Schwung zu erledigen. Wem ein ganzer Tag zu viel ist, der kann sich auch täglich etwas Zeit dafür frei halten, zum Beispiel vormittags eine Stunde. Insbesondere in Haushalten mit mehreren Personen (auch WGs) sind solche festgelegten Zeiten sehr nützlich, um Streit ums Putzen zu vermeiden. Ebenso hilfreich ist das Aufstellen eines Putzplans, in dem festgehalten wird, wer wann für welche Arbeit zuständig ist.

Vielleicht aber haben Sie schon Schwierigkeiten damit, so etwas Regelmäßiges wie einen Putztag oder feste Putzzeiten einzuhalten. Auch nach mehreren ernsthaften Versuchen klappt es nicht und die unaufgeräumten Sachen und die zu erledigenden Arbeiten türmen sich. Dann versuchen Sie es doch einmal mit der (von erfahrenen Hauswirtschafterinnen empfohlenen!) Viertelstundenmethode. Sie stellen eine Eieruhr auf 15 Minuten ein und verbringen diese Viertelstunde damit, ein Zimmer oder eine Aufgabe in Ihrer Wohnung zu erledigen, zum Beispiel eine Schublade aufzuräumen, einen Papier- oder Wäscheberg abzuarbeiten. Wenn die Eieruhr klingelt, hören Sie auf. Eine Viertelstunde ist eigentlich für jeden durchzuhalten. Sie werden staunen, wie viel Sie in dieser scheinbar so kurzen Zeit wegschaffen – wenn Sie konsequent durcharbeiten. Es ist natürlich wichtig, dass Sie die Aufräumviertelstunden immer mal einrichten und dabei auch andere Aufgaben ins Auge fassen. Der Vorteil ist, dass diese Methode sehr flexibel einsetzbar ist und niemanden überfordert.

Die im Buchhandel erhältlichen Ratgeber zum Aufräumen und Putzen haben unserer Erfahrung nach oft doch eher einen begrenzten Nutzen. Zwar finden sich im Internet immer begeisterte Stimmen, die berichten, sie hätten mittels eines Aufräumratgebers ihr Chaos dauerhaft in den Griff bekommen und jetzt eine Top-Ordnung, aber solche Leute haben wir in der Realität noch nicht kennengelernt. Wohl ist unsere Erfahrung, dass diese Ratgeber manchmal nützliche Tipps enthalten und zu einer größeren Ausmistaktion motivieren können (was ja auch schon ein schönes Ergebnis ist), aber bei vielen Leuten wird nach kurzer Zeit wieder die vorherige Ordnung oder Unordnung herrschen.

ANNA empfiehlt gerne amerikanische Aufräumratgeber. Diese würden manchmal oberflächlich wirken, seien aber sehr gut, weil sie auch Menschen ansprechen, die in puncto Hausarbeit ganz »von vorn« anfangen. Dazu gehört zum Beispiel »Magic Cleaning« von Marie Kondo (deutsch bei rororo). Ihre Falttechniken, die nebenbei viel Platz für Socken und andere Kleidungsstücke in Schubladen schaffen, kann man auch im Internet finden.

Wenn alles nichts hilft, denken Sie über das Thema »Hilfe von anderen« nach. Die wenigsten Psychiatrie-Erfahrenen werden es sich leisten können, eine Haushaltshilfe gegen Bezahlung einzustellen. Wenn doch, dann müsste diese bei der Minijobzentrale angemeldet werden und ein geringer Prozentsatz an Sozialabgaben müsste abgeführt werden. Alles andere ist illegal – und einigermaßen gefährlich, weil die Putzhilfe in diesem Fall auch nicht unfallversichert ist. Aber es gibt noch andere Möglichkeiten: Vielleicht haben Sie jemanden in der Familie oder im Freundes- und Bekanntenkreis, der »einfach so« helfen würde. Entweder bei einer großen Aufräum- und Entrümpelungs- oder Putzaktion, um mal »Grund reinzubringen«, oder auch wiederholt, um die Wohnung gar nicht erst ins Chaos versinken zu lassen. Vielleicht können Sie dieser freundlichen Person, die Ihnen diesen Dienst erweist, im Gegenzug Ihrerseits etwas Gutes tun?

Manche Psychiatrie-Erfahrenen erhalten auch Hilfen in diesem Bereich im Rahmen der Eingliederungshilfe für Menschen mit Behinderungen. Sozialarbeiter motivieren dann bei der Haushaltsführung, packen gelegentlich auch mit an (was nicht ihre eigentliche Aufgabe ist) und organisieren in manchen Fällen auch eine bezahlte Haushalts- bzw. Putzhilfe.

Manchen Menschen fällt es allerdings sehr schwer, Hilfe von anderen im Haushalt anzunehmen. Zum einen ist die Wohnung ja ein sehr privater, geschützter Bereich. Soll ein anderer, ein fremder Mensch da überhaupt Einblick erhalten, wen lasse ich an meine persönlichen Gegenstände heran? Zum anderen schämen sich sehr viele Menschen, hier Hilfe anzunehmen. Sie denken beispielsweise, sie müssten die Hausarbeit selbst schaffen, »alle anderen« würden das schließlich auch schaffen. Sie erleben es als Schande und Versagen, bei der Haushaltsführung unterstützt werden zu müssen.

Nun, vielleicht versuchen Sie, das pragmatisch zu sehen: Wenn viele, vielleicht langjährige und ernsthaft unternommene Versuche, die Hausarbeit selbst zu schaffen, nicht zum gewünschten Erfolg geführt haben, man sich für seine Wohnung schämt oder sich selbst unwohl darin fühlt, dann sollte man sich das besser eingestehen und nach Möglichkeiten Ausschau halten, Unterstützung zu bekommen. Bei Menschen mit einer körperlichen Behinderung findet jeder eine Hilfe im Haushalt normal. Eine psychische Problematik ist zwar etwas anderes, als einen Rollstuhl benutzen zu müssen, aber sie (und die Medikation!) kann sich auf die täglichen Verrichtungen so auswirken, dass man dabei Hilfe braucht und dann auch bekommen sollte. Und diese Hilfe muss nicht immer bloß ein »Selbstständigkeitstraining« sein.

Auch eine Ergründung der Probleme im Gespräch mit Ihrem Therapeuten oder sonstigem professionellem Gesprächspartner kann sinnvoll sein. Schwierigkeiten bei der Hausarbeit haben nicht selten eine Geschichte, einen biografischen Hintergrund. Manche Messie-Selbsthilfegruppen befassen sich gar nicht in erster Linie mit der Verbesserung des Wohnungszustands, sondern kümmern sich vor allem um die psychologischen Gründe für die Unordnung. Probieren Sie es einfach mal aus!

▪▪ ▪▪ Schön wohnen mit wenig Geld

Viele Psychiatrie-Erfahrene kennen das: Nach einer gesundheitlichen Krise folgt ein Neustart in einer kleinen Wohnung. Diese Wohnung ist oft unmöbliert, nur wenig ist aus vorherigen Lebensabschnitten geblieben. Zudem ist finanziell der Gürtel eng geschnallt. Was also an Wohngestaltung ist machbar?

Vielleicht hat man die Verschönerung der Wohnung auch länger aufgeschoben, weil man gehofft hat, die Zeiten ändern sich wieder. Aber das, was anfänglich wie ein Provisorium schien, wird zum dauerhaften Aufenthaltsort. Was tun?

Zuerst fragen Sie sich doch einmal Folgendes: Was für eine Bedeutung hat die Wohnung für Sie? Ist sie ein wichtiger Ort in Ihrem

Leben, wohin Sie sich zurückziehen, entspannen und Dinge tun, die sinnerfüllt und angenehm sind? Oder sind die wichtigen Orte in Ihrem Leben woanders?

Für manche Menschen ist ihr Zuhause der zentrale Ort in ihrem Leben. Für andere nicht. Je nachdem, was auf Sie zutrifft, lohnt es sich, in die eigene Wohnung zu investieren.

Fragen Sie sich auch, was Ihre Wohnung für Sie zu einem Zuhause machen würde. Soll es gemütlich sein, wollen Sie sich auch mal auf dem Sofa ausstrecken oder im Bett lesen? Wollen Sie Gäste bewirten oder vielleicht sogar beeindrucken? Gibt es andere Menschen, mit denen Sie zusammenleben und deren Bedürfnisse es ebenfalls zu berücksichtigen gilt, oder werden hauptsächlich nur Sie die Wohnung nutzen? Was genau wollen Sie in Ihrer Wohnung machen, wie sollen die Räume genutzt werden?

Nehmen wir an, Ihre Wohnung ist ein bedeutsamer Ort in Ihrem Leben. Dann sollten Sie sich dies erst einmal bewusst machen. Nur dann lohnt es sich, Arbeit, Zeit und Geld in die Wohnung zu investieren, um diesen Ort gut zu gestalten. Es gibt einiges, das Sie auch fast ohne Geld machen können, anderes kostet etwas Geld, und für weitere Investitionen werden Sie sparen und gut planen müssen.

Investitionen in Ihr Zuhause, die kaum Geld kosten, sind:

- Eine Grundordnung herstellen. Das kann unter Umständen etliche Wochen dauern. Vielleicht müssen Sie Papiere sortieren, eine Abstellkammer entrümpeln, vielleicht den Kleiderschrank ausmisten.

- Schaffen Sie eine Ordnung, wo alles, was Sie behalten wollen, seinen festen Platz hat.

- Überprüfen Sie, ob alles, was Sie besitzen, funktionsfähig und in gutem Zustand ist. Wenn es sich mit geringem Aufwand reparieren lässt, gehen Sie das an. Für Elektrogeräte gibt es etwa Repair-Cafés in den Nachbarschaftszentren. Wenn der Aufwand zu groß ist, entsorgen Sie die kaputten Geräte und Gegenstände. Sehen Sie sich in Ihrer Wohnung um: Welche Möbelstücke und Dekorationen gefallen Ihnen, welche nicht? Geben Sie weg, was Ihnen nicht gefällt. Warum sich über etwas Unästhetisches ärgern?

- Dekorative Bilder, Keramik und Fotos lassen sich selbst herstellen oder von kreativen Menschen in Ihrem Umfeld beziehen. Mit schön gerahmten Bildern an den Wänden, mit selbst gestalteten Deko-Objekten lässt sich eine Wohnung mit persönlichem Flair einrichten.

- Pflanzen kosten wenig, aber machen eine Wohnung gemütlich. Bücher zeigen, wofür Sie sich interessieren, und machen Ihre Wohnung persönlicher. Kerzen sorgen für heimeliges Licht am Abend.

- Investitionen in Ihr Zuhause, die etwas Geld kosten, sind:

- Lampen, Vorhänge oder Rollos für die Fenster sowie Kissen und Decken für das Sofa kosten nicht viel, machen aber einen großen Unterschied.

- Vasen für einen gelegentlichen Blumenstrauß und schlichtes, einheitliches Geschirr sorgen für ästhetische Erfahrungen im Alltag.

- Setzen Sie Farbakzente mit Fenstervorhängen, Sofakissen, Handtüchern, Bettwäsche, Teppichen. Vielleicht in Ihrer Lieblingsfarbe?

- Kleine Einrichtungsgegenstände (Regale, Couch- und Beistelltisch usw.) und kleine Elektrogeräte (kleine Küchengeräte, Radio usw.) kosten nicht viel, können aber einen großen Unterschied in Bezug auf Ihre Wohnqualität machen.

Manche Innendesigner empfehlen, nur mit einem Bett, einem Tisch und einem Stuhl in eine neue Wohnung zu ziehen. Alle anderen Möbel würden dann über die Zeit dazukommen. Vielen Psychiatrie-Erfahrenen wird dieser Tipp nicht schwerfallen. Oft haben wir wenig, wenn wir in eine neue Wohnung ziehen. Das ist aber auch eine Chance, über die kommenden Jahre eine besonders schöne Wohnung zu gestalten.

Orientieren Sie sich bei der Einrichtung nicht an Standards, sondern an Ihren Bedürfnissen und Ihren Tätigkeiten in den jeweiligen Räumen. Wenn Sie etwa viele Bücher und Unterlagen haben, macht es wenig Sinn, einen großen Wohnzimmerschrank zu kaufen. Besser sind dann Regale und Aktenschränke. Wenn Sie gerne am Computer sitzen, ist ein gut platzierter Schreibtisch wichtig. Wenn Sie gerne mit Freunden zusammen essen, dann brauchen Sie einen großen Esstisch. Bevor Sie Möbel kaufen, fragen Sie sich also, was genau Sie in dem entsprechenden Raum machen möchten und welche Funktion die Möbel erfüllen müssen. Oft werden Räume mehrere Funktionen haben. Das muss bei der Einrichtung berücksichtigt werden.

Fragen Sie sich auch, was Ihre Wohnung persönlicher machen könnte. Mit welchen Gegenständen, die Sie besitzen, verbinden Sie Erinnerungen? Vielleicht sind das Bücher oder Bilder oder persönliche Gegenstände. Diese sollten einen schönen Platz in Ihrer Wohnung erhalten.

Manchen ist es wichtig, dass alles zusammenpasst. Man kann aber auch mit einem Stilmix aus gebrauchten, geerbten, geschenkten oder sogar gefundenen Möbeln ein schönes Zuhause gestalten.

BERNDS Möbelsammelsurium zeigt einen ganz eigenen Stil, der stimmig ist und zu ihm passt. Erbstücke seiner Eltern stehen neben funktionalen Ikea-Möbeln. Mit Pflanzen und einer kleinen Meditationsecke hat er seine Wohnung in eine richtig gemütliche Oase verwandelt, die seinen Bedürfnissen entspricht.

Wichtig ist, eine Wohnung nicht zu voll zu stellen. Bei kleinen Räumen dürfen die Möbel nicht überproportioniert sein. Stauraum ist natürlich eine gute Sache, aber vielleicht brauchen Sie gar keinen riesigen Kleiderschrank, nachdem Sie ausgemistet haben und nur die Kleidung, die Sie auch tragen, behalten haben?

Eine schöne Wohnung sollte es Ihnen erlauben, das, was Sie gerne tun, gut machen zu können. Vielleicht hören Sie gerne Musik? Dann wäre eine schöne Musikanlage eine gute Investition. Fragen Sie sich, was wichtig ist, damit Sie gerne zu Hause sind, damit es Ihnen dort nicht langweilig und Genuss im Alltag möglich wird. Und dann investieren Sie etwas in Anschaffungen.

Die Gestaltung einer schönen Wohnung ist ein langwieriges Projekt. Es kann Jahre dauern, aber das ist okay. Wenn Sie dann später bei jedem Möbelstück genau wissen, wann Sie es wo gekauft haben und woher Sie das Geld dafür hatten, wird Ihnen dies Ihre Wohnung noch mehr ans Herz wachsen lassen.

Nehmen Sie sich ruhig Zeit. Und überlegen und planen Sie gut, bevor Sie etwas kaufen. Lieber noch etwas warten, als viel Geld in etwas zu stecken, das Ihnen gar nicht gefällt.

Auch von Ratenkrediten, wie sie viele Möbelhäuser anbieten, raten wir eher ab. Unsere Erfahrung ist, dass das Leben für Psychiatrie-Erfahrene zu wenig planbar ist, um sich über Jahre an einen Kredit zu binden. Wenn man in Jahren denkt, kommt das Geld für neue Möbel auch so zusammen. Ebenso ist es mit Renovierungen oder bauliche Veränderungen, neuen Bodenbelägen usw. Wenn Sie handwerklich geschickt sind, lohnt sich hier die Eigenarbeit. Kleine Arbeiten kann fast jeder selbst erledigen: Streichen, Auslegware ... Machen Sie, was Sie machen können, und versuchen Sie, sich mit dem Rest helfen zu lassen, wenn Sie Geld oder die Möglichkeit dazu haben. Wenn Ihre Wohnung ein ganz wichtiger Ort in Ihrem Leben ist, dann lohnt sich eine Investition. Das Ziel ist, dass Sie, wenn Sie heimkommen, sich sofort wohlfühlen in Ihrem Zuhause. Dass Sie sich umblicken und zu sich sagen können: »Wie schön!« Dass Ihnen nicht langweilig wird in Ihrer Wohnung. Dass Sie dort gut leben können.

WEITERLESEN

Julia Ballmaier und Brita Sönnichsen: Wohnen unter 1000 Euro: Große Wohnideen – kleiner Preis. Callwey Verlag 2016.
Die Diplom-Pädagogin Julia Ballmaier bloggt auch täglich auf www. myhomeismyhorst.de.

Arbeiten und tätig sein

Was ist Arbeit?

Die meisten psychisch erkrankten Menschen wollen arbeiten. Doch die meisten psychisch erkrankten Menschen leben von Rente oder Arbeitslosenunterstützung; es ist schwer für sie, Erwerbsarbeit zu finden und auch zu behalten. Oft werden dann Alternativen zur Erwerbsarbeit angedacht, zum Beispiel ehrenamtliches Engagement. Viele psychosoziale Berater befürworten auch Arbeit im geschützten Bereich einer Werkstatt oder eines Inklusionsunternehmens. Ärzte empfehlen nach wiederholten Krankheitsphasen die Rente zur finanziellen Absicherung. Alle diese Ratschläge hat wahrscheinlich jeder psychisch erkrankte Mensch schon einmal gehört.

Bevor wir uns mit diesen Möglichkeiten auseinandersetzen, möchten wir Erwerbsarbeit von Arbeit im Allgemeinen unterscheiden. Erwerbsarbeit ist diejenige Arbeit, mit der man auch seinen Lebensunterhalt bestreiten kann. Arbeit im Allgemeinen kann jede Tätigkeit sein, Tee kochen, die eigene Wohnung putzen oder auf den Neffen aufpassen. So gesehen ist niemand arbeitslos. Man kann aber sehr wohl arbeitslos im Sinne von Erwerbsarbeit sein. Oft hört man als erkrankter Mensch, dass Erwerbsarbeit nicht alles ist, dass man auch ohne Erwerbsarbeit sinnvoll tätig sein kann.

Und dennoch: Die meisten psychisch erkrankten Menschen wollen »richtig« arbeiten. Und sie meinen damit Erwerbsarbeit auf dem ersten Arbeitsmarkt. Sie wollen sich nicht nur ehrenamtlich engagieren oder mal für eine Stunde oder zwei aushelfen oder im geschützten Bereich ein minimales Entgelt verdienen.

Warum? Erwerbsarbeit bedeutet Zugehörigkeit zur gesellschaftlichen Mitte, zur Normalität. Man geht zur Arbeit, danach hat man Feierabend. Manchmal hat man Urlaub. Man kann über den Chef meckern und mit den Kollegen scherzen. Man ist wichtig, man hat Aufgaben, man würde vermisst, wenn man einen Tag nicht auftaucht. Und man verdient sein eigenes Geld. Man ist unabhängig von den Ämtern. Man muss in der Regel keine Anträge schreiben, um das Existenzminimum aufs Konto zu bekommen. Man hat mehr Geld als ein Arbeitsloser. Und das heißt, man kann einkaufen gehen, man kann so leben, wie es in dieser Gesellschaft zurzeit normal ist. Man muss nicht entsetzlich diszipliniert sein und sich jedes Vergnügen versagen. Einfach mal ins Kino, Briefmarken auf Vorrat, teure Schuhe – alles drin.

Was bedeutet das?

SVENJA Diese wohlfeilen Ratschläge, dass Erwerbsarbeit nicht alles ist, das ist alles Mist. Erwerbsarbeit ist für die meisten Menschen in dieser Gesellschaft das, was ihnen ein angenehmes Leben sichert, woran viele auch ihren Wert, ja sogar einen Sinn ihres Lebens festmachen. Natürlich kann auch ein soziales oder politisches Engagement oder eine unbezahlte künstlerische Aktivität sehr sinnvoll sein. Aber wer von seiner Arbeit leben kann, der ist erfolgreich, der ist wer, der hat was, der ist auch als Partner attraktiv, der wohnt schöner, der muss kein Sozialticket im Bus vorzeigen, der kann selbst entscheiden, ob er eine neue Stereoanlage braucht. Der kann in Urlaub fliegen. Der kann stolz sein auf sein Leben.

Natürlich kann man dagegenhalten: Kann nicht auch jemand, der kreativ Welten erschafft, stolz auf sich sein, auch wenn er damit nicht seinen Lebensunterhalt bestreiten kann? Hat der kleine Büroangestellte, der kaum mehr Geld hat als ein Hartz-IV-Empfänger, wirklich Grund zu Stolz? Sollte man überhaupt den Wert seines Lebens an einer Erwerbsarbeit messen? Was ist mit Kreativität, Selbstverwirklichung, Gemeinschaftsleben?

Diese Fragen sind natürlich berechtigt. Und doch zahlt der, der nicht sein eigenes Geld verdient, einen hohen Preis: Er wird stigmatisiert, ausgegrenzt, kann nicht selbst entscheiden, ob er sich eine bestimmte Wohnung leisten kann, er wird kein Geld für Urlaub, schicke Klamotten und neue Möbel haben. Es ist sehr schwer, sich in dieser Situation ein gutes Selbstwertgefühl zu bewahren.

Wenn Sie psychiatrieerfahren und ohne Erwerbsarbeit sind: Glauben Sie nicht den Sprüchen, dass es gar nicht immer um Erwerbsarbeit geht. Natürlich geht es um eine Erwerbsarbeit! In unserer Gesellschaft ist sie für die meisten Menschen die einzige Versicherung gegen die Demütigungen des Jobcenters. Ohne ihre Erwerbsarbeit säßen auch die Menschen, die Ihnen diese wohlfeilen Ratschläge geben, in kleinen, nicht renovierten Wohnungen, aus denen sie das Amt nicht rauslässt. Sie wären genauso traurig darüber wie Sie, dass sie nur einmal im Monat ins Kino gehen können, dass sie nicht mal eben eine neue Markenjeans kaufen können, weil sie dann hungern müssten am Ende des Monats.

Also lassen Sie sich bloß nicht einreden, dass Arbeit doch alles Mögliche sein kann, auch den Boden in der eigenen Wohnung wischen oder auf den Neffen aufpassen. Natürlich ist das Arbeit, aber wenn irgend möglich, suchen Sie sich eine Erwerbsarbeit. Ohne Erwerbsarbeit wird es schwer sein, zu fühlen, dass man dazugehört zu der Gesellschaft. Weil ganz viele in dieser Gesellschaft uns vermitteln, dass man eigentlich nur mit Erwerbsarbeit wer ist. Ohne Arbeit hat man keinen finanziellen Spielraum, man lebt unterhalb der Armutsgrenze. Aber das ist nicht das Schlimmste. Arbeit stiftet Sinn in unserem Leben, weil wir gerne eine Aufgabe haben, aber doch auch: weil wir uns über unseren Beruf definieren, weil das Geld, das wir verdienen, unseren Lebensstandard sichert. Arbeit gibt darüber hinaus unserem Tag Struktur und Form. Arbeit bringt uns auch in Kontakt mit anderen.

SVENJA Mein Tipp: Halten Sie Ihre Sehnsucht nach Erwerbsarbeit wach! Auch psychisch erkrankte Menschen können einer Erwerbsarbeit nachgehen. Auch Sie können das schaffen. Arbeiten Sie an sich, wenn Sie jetzt nicht über Fähigkeiten verfügen, die auf dem Arbeitsmarkt gebraucht werden. Denken Sie langfristig, entwickeln Sie Ihre Kompetenzen weiter, aber geben Sie nicht auf! Lassen Sie sich nicht einreden, dass es ja auch andere Arten von Arbeit mit vielen Vorzügen gibt, sondern sagen Sie sich: Ich will eine Erwerbsarbeit! Ich will von meiner Arbeit leben können!

Und dann: Seien Sie geduldig, suchen Sie sich etwas, das Sie in Ihren Lebenslauf schreiben können, auch wenn Sie phasenweise ohne Erwerbsarbeit dastehen. Engagieren Sie sich, werden Sie kreativ tätig, versuchen Sie, Ihre Richtung zu finden! Aber halten Sie Ihre Sehnsucht nach Erwerbsarbeit wach!

Nur wenige Menschen mit einer schweren psychischen Erkrankung sind auf dem ersten Arbeitsmarkt tätig. Das hat aber etwas damit zu tun, dass nur wenige eine für sich passende Nische finden. Ein erkrankter Mensch kann nicht jede Arbeit machen. Und es gibt auch Jobs, die ausbeuterisch und unterbezahlt sind und wo ein unsäglicher Umgangston herrscht. Eine derartige Stelle ist nicht nur für Psychiatrie-Erfahrene ungeeignet. Wer aber eine Stelle ergattert, die den eigenen Fähigkeiten und Neigungen entspricht und wo die Arbeitsbedingungen in Ordnung sind, der kann das oft gut bewältigen.

Nischen sind der Schlüssel. Machen Sie nicht irgendetwas. Das geht oft schief. Machen Sie etwas, wofür Sie sich begeistern. Machen Sie ruhig so etwas Ähnliches erst einmal ehrenamtlich, besuchen Sie Kurse, knüpfen Sie Kontakte. Das ist ein guter Weg zu einer Nische. Und: Wer überhaupt arbeitet, also tätig ist und für sich und seine Gesundheit sorgt, der wird es leichter haben, auch eine Erwerbsarbeit zu finden und zu halten.

Auch wenn Sie gerade in einer Situation sind, in denen Ihnen dieses Ziel illusorisch erscheint, geben Sie nicht auf. Es kann sein, dass Sie erst an sich und Ihrer Gesundheit arbeiten müssen. Es kann sein, dass Sie sich erst aus einer Betreuungssituation hinausentwickeln müssen. Es kann sein, dass Sie zurzeit gar nicht wissen, was Sie beruflich machen könnten, und dass alle Kontaktpersonen abwinken. Doch das Wunderbare an psychischen Erkrankungen ist, dass sie auch wieder besser werden können. Sie können langsam lernen, für sich besser zu sorgen, Einsamkeit zu überwinden, Tätigkeiten zu finden, die Ihnen guttun. Warum nicht auch arbeiten gehen?

Denken Sie langfristig, setzen Sie sich ruhig ehrgeizige Ziele, solange Sie nicht glauben, dass Sie diese über Nacht erreichen werden. Nehmen Sie sich Zeit. Es lohnt sich. Schon die Arbeitssuche kann Sie weiterbringen.

■■ Arbeitssuche

Wohl jeder Psychiatrie-Erfahrene kennt diese Situation: Man ist arbeitslos, wünscht sich Arbeit und will nach Arbeit suchen. Aber niemand meldet sich auf Bewerbungen. Keine Vorstellungsgespräche, kein Interesse. Was nun?

Zuerst sollten Sie Ihre Situation prüfen. Waren Sie gerade länger im Krankenhaus und sind immer noch klapprig auf den Beinen? Würden Sie überhaupt Ihre Arbeit schaffen? Wenn nicht, ist die Arbeit an den Arbeitsfähigkeiten erst einmal Ihre Baustelle, nicht die Arbeitssuche. Dazu gehört auch der Wiederaufbau des Selbstbewusstseins, das durch die Krise oder den Rückfall vielleicht gelitten hat, schließlich wollen Sie ja auf einen potenziellen Arbeitgeber so wirken, dass der Ihnen die Arbeit zutraut. Das Ganze ist natürlich vertrackt, denn wahrscheinlich würde mit einem Erfolg auf dem Arbeitsmarkt das Selbstbewusstsein schneller zurückkommen.

Wer noch mit gesundheitlichen Einschränkungen zu kämpfen hat, wird wahrscheinlich nicht die Probezeit schaffen. Mit einer Wunderheilung aufgrund eines Arbeitsvertrags ist nun mal nicht zu rechnen. Prüfen Sie also, ob Sie in der Lage sind, zu arbeiten. Dazu kann es auch hilfreich sein, andere zu fragen, ob sie einem einen bestimmten Job zutrauen. Aber Vorsicht: Manche Menschen trauen Psychiatrie-Erfahrenen gar nichts zu; überlegen Sie also, wen Sie fragen.

Auch wenn gesundheitlich alles in Ordnung ist, dann sollten Sie sich erst einmal eine Betätigung suchen, die Sie sinnvoll beschäftigt, Ihnen nach Möglichkeit neue Kompetenzen verschafft und die Sie in Ihren Lebenslauf schreiben können. Sehr empfehlenswert sind ehrenamtliches Engagement oder künstlerische Tätigkeit. Im geschützten Rahmen zu arbeiten empfiehlt sich nur, wenn es noch starke gesundheitliche Einschränkungen gibt oder Sie dort ein interessantes Projekt oder eine interessante Aufgabe übernehmen können, die ebenfalls lebenslauftauglich ist. Auch wenn also das Ziel eine Erwerbsarbeit ist, kann es sinnvoll sein, erst einmal zu akzeptieren, dass sich in nächster Zeit keine Erwerbsarbeit präsentieren wird. Und dann das Leben sinnvoll und seinen Neigungen entsprechend zu gestalten. Schön wäre es natürlich, wenn diese Tätigkeit eine Verbindung zu Ihren beruflichen Zielen hat.

Vermeiden sollten Sie, »gar nichts« zu machen. Eine große Lücke im Lebenslauf, wo man überhaupt nichts gemacht hat, sich auch nicht engagiert hat oder irgendetwas ausprobiert hat, ist für die Arbeitssuche problematisch. Viele Menschen haben mittlerweile Lücken im Lebenslauf, können aber doch erklären, was sie da gemacht haben. So sollten Sie auch erklären können, womit Sie sich beschäftigt haben in der Zeit ohne Erwerbsarbeit. Das macht den Wiedereinstieg in das Berufsleben einfacher.

Der paradoxe Tipp ist also: Tun Sie so, als wären Sie für lange Zeit auf staatliche Unterstützung angewiesen. Akzeptieren Sie die Situation. Aber gestalten Sie sie aktiv, suchen Sie sich eine Tätigkeit oder am besten gleich mehrere. Entwickeln Sie einen Lebensentwurf, der über die Arbeitssuche hinausgeht.

SVENJA Mein Lebensentwurf etwa war für einige Zeit: »Ich lebe von Hartz IV und schreibe Bücher.« Das war sehr entlastend, ich habe mich besser eingerichtet in meinem Leben, viele schöne Aktivitäten gefunden und überhaupt mit einem Mal besser gelebt. Trotzdem habe ich mich weiter beworben. Der Berufseinstieg gelang dann erst mit EX-IN, der Weiterbildung zur Genesungsbegleiterin. Vor EX-IN hatte ich längere Zeit keine Vorstellungsgespräche mehr gehabt. Mit EX-IN hatte ich mehrere und drei Stellenangebote. Ohne EX-IN wäre ich immer noch arbeitslos. Doch ohne die Zeit, in der ich Hartz IV akzeptiert und das Beste daraus gemacht habe, hätte ich vielleicht nicht die Geduld gehabt, einen EX-IN-Kurs zu absolvieren.

Also: Sie haben Zeit! Machen Sie etwas Schönes aus Ihrem Leben, erst einmal ohne Erwerbsarbeit.

Wenn Sie bereits seit Jahren nicht gearbeitet haben, ist es unwahrscheinlich, dass Sie von heute auf morgen einen Job finden. Wahrscheinlich müssen Sie noch einmal eine Anpassungsqualifizierung durchlaufen. Das kann ein Kurs sein, das kann EX-IN sein, das kann eine Weiterbildung vom Jobcenter sein. Damit sind Sie dann wahrscheinlich wieder gefragt auf dem Arbeitsmarkt. Sie sollten sich jedoch nur auf Stellen bewerben, die Sie auch gesundheitlich nicht belasten. Das bedeutet für die meisten von uns, dass eine Vollzeitstelle nicht infrage kommt. Für viele wird es auch bedeuten, dass sie die Erkrankung nicht verschweigen wollen, sondern lieber offen damit umgehen. Mittlerweile gibt es eine Reihe von Berufsfeldern, in denen auch jemand mit einer Schwerbehinderung einen Teilzeitjob bekommen kann. Vollzeit plus Haushalt plus Ausgleich und Sorge für die eigene Gesundheit ist für die meisten von uns viel zu viel. Aber in Teilzeit, mit schönen Hobbys nebenbei – warum nicht? Das kann sehr gut für uns und für einen Arbeitgeber funktionieren.

Schreiben Sie eine Bewerbung, wenn die Arbeit Sie interessiert und Sie sich auch die Arbeitsbedingungen gut vorstellen können. Experimentieren Sie mit Anschreiben und Lebenslauf. Was haben Sie zu verlieren? Wer bereits seit Jahren nicht erwerbstätig war, hat wenig zu verlieren. Seien Sie selbstbewusst und mutig.

Dem sozialen Netz kommt bei der Arbeitssuche eine besondere Bedeutung zu. Mit einem guten sozialen Netz und vielfältigen Aktivitäten vergrößern Sie Ihre Chancen, die richtigen Informationen zur richtigen Zeit zu erhalten, Menschen kennenzulernen, die Ihnen etwas zutrauen und die Sie vielleicht sogar empfehlen.

Suchen Sie sich aber auch ein oder zwei echte Freunde, mit denen Sie über Sorgen und Freuden reden können und die Ihnen immer wieder Mut machen.

Wenn Sie zurzeit von Hartz IV leben, werden Sie mit einer Arbeitstätigkeit in Teilzeit ein bisschen mehr haben, aber da vermutlich auch Ihre Kosten höher sind, wird das nicht so viel sein. Bleiben Sie realistisch: Wahrscheinlich werden Sie nicht sofort einen Job finden, der Sie erfüllt und bei dem Sie gut verdienen. Die Bäume werden nicht in den Himmel wachsen für die meisten von uns. Aber eine Arbeit hat viele Vorteile: Unabhängigkeit vom Amt, größerer finanzieller Spielraum, vielleicht eine größere Wohnung, bestimmt neue Kontakte, neue Erfahrungen und eine Aufgabe.

Berufstätig sein

Wenn Sie eine Arbeitsstelle haben, stellt sich vielleicht die Frage: Was ist wichtig, um möglichst lange und erfolgreich in Arbeit bleiben zu können?

In diesem Zusammenhang präsentieren sich verschiedene Fragen, auch, ob Sie offen mit Ihrer psychischen Erkrankung umgehen sollten. Unserer Erfahrung nach lässt sich auf diese Frage keine pauschale Antwort geben. Manche Branchen und Firmen sind sehr aggressiv, stacheln die Konkurrenz unter Kollegen an, haben hohe Leistungserwartungen. In so einem Umfeld wird es schwierig sein, sich schwach zu zeigen. Aber es gibt auch Branchen und Firmen, die mit »Verrücktheit« Positives assoziieren, zum Beispiel Kreativität. Fragen Sie sich also erst einmal, wie stark sich Ihr berufliches Umfeld von den »Verrückten« abgrenzt oder ob es hier eine gewisse Offenheit geben könnte.

Eine weitere wichtige Frage ist, ob Sie Ihre Erkrankung überhaupt dauerhaft verbergen können. Vielleicht fallen Besonderheiten im Alltag auf? Manchen ist es etwa viel zu anstrengend, nach einem langen Arbeitstag noch mit anderen in eine Kneipe zu gehen. Wer das immer ablehnt, erscheint schnell in einem komischen Licht. Manchmal ist Offenheit besser, weil dann das Gegenüber das eigene Verhalten besser einordnen kann. Auch Akuterkrankungen lassen sich nicht immer verbergen.

Wenn Sie die Erkrankung unbedingt verbergen müssen, so sollten Sie einen guten Krisenplan machen, einen sehr vertrauensvollen therapeutischen Kontakt haben sowie ein soziales Umfeld, das Sie warnt, wenn Sie in eine Krise rutschen. Ohne dieses Sicherheitsnetz wird es kaum gelingen, die Erkrankung dauerhaft vor Ihren Kolleginnen und Kollegen zu verbergen.

Wenn Sie denken, dass Sie die Erkrankung verbergen müssen, überlegen Sie noch einmal. Manchmal gibt es an Ihrem Arbeitsplatz eine größere Offenheit und mehr Verständnis, als Sie vermuten. Das ist vor allem dann der Fall, wenn Sie qualifiziert sind und gute Arbeit leisten. Dann sind Sie nämlich nicht so leicht zu ersetzen und werden auch geschätzt.

Die Frage der Offenheit ist auch keine Alles-oder-nichts-Frage. Sie können etwa nur einen oder zwei Menschen an Ihrem Arbeitsplatz einweihen. Überlegen Sie, bevor Sie versuchen, die Erkrankung ganz zu verbergen. Für manch einen baut das Gefühl, unbedingt funktionieren zu müssen und nicht auffallen zu dürfen, einen großen Druck auf, der dann erst recht zu gesundheitlichen Problemen führt. Manche Kollegen werden vielleicht sogar selbst mit psychischen Problematiken in der Familie oder im Freundeskreis Erfahrung haben und damit vielleicht auch Verständnis.

Um eine Stelle zu behalten, ist es letztlich entscheidend, die Stelle fachlich und menschlich gut ausfüllen zu können. Das verlangt Engagement. Aber auch die eigene Belastbarkeit muss realistisch eingeschätzt werden. Wie viele Stunden kann ich gute Arbeit leisten? Welche Art von Arbeit kann ich gut schaffen? Wie kann ich mich weiterqualifizieren? Wenn sie versuchen, in Vollzeit zu arbeiten, vielleicht noch einen langen Arbeitsweg haben, kommen viele Psychiatrie-Erfahrene an ihre Grenzen. Denken Sie nach über Ihre bisherigen beruflichen Erfahrungen: Wie ging es Ihnen in Vollzeitjobs? Wie ging es Ihnen in Teilzeitjobs? Welche Arten von Arbeit haben Sie kennengelernt? Was davon hat für Sie über einen längeren Zeitpunkt hinweg funktioniert? Was ist Ihnen besonders wichtig?

CHARLIE war früher Lehrerin, konnte diese Arbeit dann aber aufgrund mehrfacher Krisen nicht mehr ausüben. Nach einer Umschulung arbeitet sie jetzt im Büro. Besonders glücklich macht sie das nicht – die Arbeit liegt ihr nicht besonders, sie hat wenig Spaß daran und auch immer das Gefühl, sie könne diese Arbeit nicht besonders gut, sie wäre gerne besser darin. Ihre Arbeitsstelle hat aber einen großen Vorteil: Sie empfindet das Betriebsklima als ausgesprochen positiv. Das ist ihr wichtig, denn sie hatte vorher Arbeitsstellen, wo das nicht der Fall war, wo sie sogar regelrecht gemobbt wurde. Sie hat zwar keine privaten Kontakte zu den Kolleginnen und Kollegen, sie möchte das auch nicht. Das Verhältnis ist also etwas distanziert, aber freundlich. Es werden keine Intrigen gesponnen und es gibt kaum Eifersüchteleien untereinander. Die Kolleginnen bleiben auch freundlich und geduldig, wenn sie mal Fehler macht oder »dumme Fragen« stellt. Für Charlie spielt das eine große Rolle. Wichtiger als die Frage, ob ihr die Arbeit Spaß macht oder sie sich selbst darin verwirklichen kann, ist ihr, dass sie jeden Morgen ohne Bauchschmerzen dort hingehen kann.

Psychisch erkrankte Arbeitnehmer brauchen, um eine Arbeit länger-fristig gut ausüben zu können, zuerst einmal, was jeder Mensch gut gebrauchen kann: ein Netzwerk aus beruflichen und privaten Kontakten, zuverlässige Unterstützung am Arbeitsplatz und privat. Aufgaben, die einem liegen. Eine berufliche Perspektive und Sicherheit. Ein ausrei-chendes Gehalt.

Daneben würden Betroffene aber auch von einer Art Supervision profitieren. Supervision ist eine Möglichkeit, Gespräche über die Arbeit, über belastende, schwierige Dinge zu führen, über Fragen, wo man nicht weiterweiß, egal ob auf Arbeitsaufgaben oder die Zusammenarbeit im Team bezogen. Auch die Zusammenarbeit im Team ist manchmal nicht einfach, da hilft die Gelegenheit zur Reflexion. Wenn Sie nicht offiziell die Möglichkeit zur Supervision haben, suchen Sie sich eine Gesprächsmöglichkeit mit jemandem, der Ihnen weiterhelfen kann. Die Person sollte gut zuhören und sich einfühlen, aber auch mal kritische und problematische Punkte an Ihnen ansprechen können. Vielleicht finden Sie eine solche Möglichkeit auch über einen Jobcoach oder den Integrationsfachdienst. Wahrscheinlich aber müssen Sie sich eine informelle Supervisionsmöglichkeit im privaten Rahmen suchen.

Überhaupt geht eine Berufstätigkeit bei einer schwereren Problema-tik nur mit guter Begleitung. Sie müssen Ihre Arbeit, Ihren Weg, die Probleme und Sorgen mit jemandem besprechen können. Wenn das nicht gelingt, wird es schnell eng. Suchen Sie sich Menschen, die Sie begleiten. Das können professionelle oder auch private Kontakte sein. Es sollten Menschen sein, die Ihnen guttun, die aber auch kritisches Feedback geben, wenn Sie in die falsche Richtung laufen. Suchen Sie sich Menschen, die mit Ihnen durch das Leben gehen und die Sie unterstützen.

Eine Berufstätigkeit ist eine gute Sache, aber der Beruf darf nie alleiniger Lebensinhalt sein. Wenn Sie die Berufstätigkeit so anstrengt, dass Sie ansonsten nur noch schlafen und den Haushalt mehr schlecht als recht aufrechterhalten, dann ist etwas falsch. Sie sollten auch Zeit und Kraft für Freizeit und Hobby, für Beziehungen und Muße haben.

Eine Berufstätigkeit bedeutet Normalität, ein Einkommen, aber wenn es ein einziger Kampf wird, ist es Zeit, etwas zu ändern.

▄▄ Leben ohne Erwerbsarbeit: Manches lohnt sich anders

Wenn Sie zwar eine Arbeit haben, aber diese zunehmend zur Qual wird, müssen Sie zumindest vorübergehend eine andere Lösung finden. Sie haben schon mit dem Arbeitgeber gesprochen, Beratung in Anspruch genommen, vielleicht die Arbeitszeit reduziert oder den Arbeitsplatz geändert – es hilft nichts, Sie müssen sich eingestehen, Sie schaffen Ihre Arbeit nicht. Die Arbeit schlaucht Sie völlig, für häusliche Angelegenheiten oder für Freizeitaktivitäten ist keine Kraft mehr. Hinzukommen eventuell diverse Fehltage wegen Krisen oder sogar häufigere längere Unterbrechungen wegen Krankenhausaufenthalten.

Vielleicht fangen Sie auch immer wieder an irgendeinem Arbeitsplatz an, doch schon bald ereilt Sie eine Krise. Die Wiedereingliederungsversuche verlaufen auch nicht gut. Sie suchen aber weiter, weil Sie selbst und andere von Ihnen erwarten, dass Sie eine Stelle auf dem ersten Arbeitsmarkt finden, vielleicht auch noch eine möglichst qualifizierte und gut bezahlte. Sie verbringen also Jahre und Jahrzehnte mit intensiver Arbeitsplatzsuche. Mal kommt es zwar zu einem Vorstellungsgespräch oder sogar zu einer Einstellung, in der Probezeit wird Ihnen jedoch regelmäßig wieder gekündigt. Dann suchen Sie noch intensiver. Doch während die Zeit verrinnt, werden Ihre Voraussetzungen für den Arbeitsmarkt immer schlechter. Ihnen fehlt vorzeigbare Berufserfahrung, die einmal erworbenen Abschlüsse sind inzwischen veraltet und Ihr eigenes Alter wird langsam ebenfalls zum »Vermittlungshemmnis«. Vor allem aber: Sie verpassen das durchaus nützliche und sinnvolle Leben, das Sie in dieser Zeit auch führen könnten.

Ein sehr häufiges Problem von Menschen mit schwereren psychischen Problemen ist, dass sie ein sehr schwankendes »Leistungsprofil« haben. Das heißt, an einem Tag können sie gut oder sogar überdurchschnittlich gut arbeiten. An vielen anderen Tagen geht aber kaum noch etwas oder gar nichts mehr, sie bekommen einfach nichts auf die Reihe. Kurz, sie schaffen es nicht, eine regelmäßige tägliche oder wöchentliche Arbeitszeit durchzuhalten. Möglicherweise ist Ihre Konzentration beeinträchtigt und Sie brauchen mehr Pausen als vorgesehen. Vielleicht kommen Sie nicht gut zurecht mit Zeitdruck oder anderem Druck, der an Ihrem Arbeitsplatz oder in Ihrer Abteilung herrscht. Vielleicht haben Sie auch Probleme, die Gegenwart anderer Menschen auszuhalten, haben schnell Ängste, fühlen sich schnell missverstanden oder gemobbt. Oder Ihnen geht es so, dass Sie andere noch sehr für Ihre eigene Seelenpflege brauchen – auch das ist nicht immer passend an einem Arbeitsplatz.

Es können Sie aber auch »typische« psychiatrische Symptome am Arbeiten hindern: Vielleicht ist Ihr Antrieb so reduziert, dass Sie für Aufstehen, Körperpflege und das Frühstück schon Ihre ganze Energie (auf)brauchen. Vielleicht machen Ihnen starke Angstanfälle, Suizidgedanken, Zwänge oder Stimmungsschwankungen zu schaffen. Wer Stimmen hört oder alles, was ihm begegnet, auf sich bezieht, hat oft auch Schwierigkeiten, sich auf eine Arbeit zu konzentrieren – sofern das unter diesen Umständen überhaupt möglich ist. Deshalb kann es nicht nur sein, dass man ungewollt ohne Arbeit dasteht, sondern ärztlicherseits befristet oder dauerhaft als »erwerbsunfähig« eingestuft wird und auf Frührente oder Grundsicherung angewiesen ist.

Für viele ist »erwerbsunfähig« ein schlimmes Wort, das ihnen in der Seele schmerzt. Umgangssprachlich hieß das früher: »kaputtgeschrieben«. »Unfähig«, »kaputt« – von solchen negativen Vokabeln sollten Sie sich nicht anstecken oder beeindrucken lassen. Es ist eine Errungenschaft, die wir vorangehenden Generationen zu verdanken haben, dass Menschen, die mit schweren gesundheitlichen Problemen leben, von der Pflicht, ihren Lebensunterhalt selbst zu verdienen, befreit werden können. Und trotzdem noch ein Einkommen erhalten.

In den deutschsprachigen Ländern gibt es darauf sogar einen gesetzlichen Anspruch. Das heißt, man ist keineswegs nur ein armseliger Bittsteller, auch wenn man sich gegenüber den Ämtern oft so fühlt. Leider erhalten psychiatrieerfahrene Menschen ohne professionelle Unterstützung oft nicht das, was ihnen zusteht. Unabhängige Beratungsstellen oder Sozialarbeiter können dann helfen.

Das Ende der Erwerbsarbeit ist keineswegs das Ende des Lebens! Mal abgesehen davon, dass für einige das Ende des Hamsterrads »Arbeitsleben« eine ganz große Befreiung und Erleichterung sein kann, und mal abgesehen davon, dass es in seltenen Fällen sogar dazu kommt, dass ein Mensch erst dadurch zu einer wirklich erfüllenden Aufgabe und zu seiner Berufung findet. Wenn Sie sich unter den Psychiatrie-Erfahrenen umschauen, werden Sie auch merken: »Frührente« muss keineswegs bedeuten, dass man sich auf dem Sofa vorm Fernseher wundliegt oder nur noch in Trübsal versinkt. Klar, das kann auch passieren. Aber sehr viele Frührentner haben in vergleichbaren Lebenslagen ganz verschiedene, höchst individuelle und für sich passende Lebensmodelle entwickelt, die zwar vom »normalen Durchschnittsleben« abweichen – wer will eigentlich schon »normaler Durchschnitt« sein? –, die aber auch zu einer beträchtlichen Zufriedenheit führen können. Mitunter kann man sich mit diesen Tätigkeiten sogar sehr nützlich machen.

Manche sind wahre Naturtalente im Finden und Erfinden solcher Möglichkeiten. So reicht es vielen schon, wenn sie einen Zuverdienstjob zur Rente finden, einen sogenannten »Minijob«. Bei einer Erwerbsminderungsrente darf man aktuell bis 450 Euro monatlich (insgesamt 14-mal im Jahr) dazuverdienen. Bei denjenigen, die Grundsicherung oder Sozialhilfe erhalten, ist die Summe, die sie von ihrem Zuverdienst behalten dürfen, leider viel geringer. Dann werden sie überlegen, ob die Arbeit neben der geringen Entlohnung so viel zu bieten hat – Sinn, Befriedigung, Anerkennung, soziale Kontakte, eine Aufgabe außer Haus –, dass es sich trotzdem für sie lohnt. Bei vielen Minijobs geht es um einfache Aushilfsarbeiten, aber manchmal sind auch interessantere Aufgaben dabei. Da lohnt es sich, etwas länger zu suchen.

Im psychiatrischen Bereich gibt es mittlerweile an diversen Orten für Absolventen der EX-IN-Fortbildung auch Jobangebote, etwa als Peerberater bzw. Genesungsbegleiterin. Die meisten werden bislang noch auf der Basis von Minijobs vergütet. Einige Kliniken und Einrichtungen bieten auch eigene Gruppen an, in denen Ihr Engagement willkommen sein könnte, vorausgesetzt, Sie haben Lust dazu, Ihr Erfahrungswissen weiterzugeben.

Weiterhin können Sie auch ohne feste Anstellung Arbeit auf Honorarbasis übernehmen. Dann gelten Sie als selbstständig und müssen Ihre Honorare ebenso wie andere Zuverdienste bei der Rentenversicherung angeben und außerdem eine jährliche Einkommensteuererklärung erstellen.

DIETER ist frühverrentet und hat die EX-IN-Ausbildung gemacht. Auf Honorarbasis übernimmt er Aufträge für Fortbildungen, Seminare, Workshops und Vorträge. Er berichtet von seinen Erfahrungen und denen seiner psychiatrieerfahrenen Freunde. Aufgrund seiner früheren Berufstätigkeit kann er gut Gruppen leiten und vor einem Publikum sprechen. Er ist erfolgreich und findet sein jetziges Leben viel bereichernder als das alte, wo er noch jeden Tag arbeiten ging.

In vielen sozialen und auch künstlerischen Bereichen, die interessant sein könnten, um aktiv zu werden, kann nicht von echten »Entlohnungen« gesprochen werden. Bei vielen gemeinnützigen Vereinen gibt es – wenn überhaupt – eventuell eine Aufwandsentschädigung bzw. die Erstattung von Fahrtkosten. Es geht dabei um Arbeit, die für die Allgemeinheit – oder auch nur für einzelne andere – wertvoll ist, die aber nicht mit Geld bezahlt wird. Früher nannte man das Ehrenamt, heute spricht man eher von bürgerschaftlichem oder auch zivilgesellschaftlichem Engagement.

Bürgerschaftliches Engagement ist natürlich ein zweischneidiges Schwert: Bei uns ist das Thema »Arbeit« sehr stark mit »Geldverdienen« verknüpft, und es fällt vielen nicht leicht, sich davon zu lösen. Und um ehrenamtliche Arbeit überhaupt leisten zu können, muss der Lebensunterhalt erst einmal abgesichert sein – sei es nun durch eine Erwerbsarbeit, eine Rente oder anderes. Dann gilt es auch, politische Aspekte zu beachten: Arbeiten, die normalerweise bezahlt werden, sollten nicht durch unbezahlte Arbeit verdrängt werden. Außerdem muss auch der Arbeitsaufwand stimmen: Es geht nicht an, wenn man als Ehrenamtler nun plötzlich genauso viel arbeiten soll wie ein Vollzeitbeschäftigter.

Ehrenamtliche oder bürgerschaftliche Arbeit kann aber trotzdem attraktiv und bereichernd sein. Zum einen, weil es eine enorm große Vielfalt und Abwechslung in den Arbeiten gibt. Vielleicht wollen Sie viel mit anderen Menschen zu tun haben, vielleicht lieber etwas still und für sich in einem Archiv machen? Vielleicht arbeiten Sie gern mit Tieren, etwa im Tierheim oder einem Wildpark? Oder liegt Ihnen die Welt der Bücher in einer Stadtteilbibliothek mehr? Vielleicht möchten Sie in einem Eine-Welt-Laden im Verkauf arbeiten, den Gemeindebrief austragen? Oder Sie schleppen lieber Stühle für kulturelle Veranstaltungen? Vielleicht bringen Sie auch besondere Qualifikationen mit und können beispielsweise als Sporttrainer oder als Vereinskassenwart arbeiten? Das sind nur wenige Beispiele.

ENNO hat eine gute Lösung für sich gefunden. Er ist sehr gläubig, gleichzeitig macht er gern Musik. Er spielt Gitarre, singt dazu und schreibt auch selbst Songs. Er hat sich einer sehr aktiven Kirchengemeinde angeschlossen, die auch viele musikalische Angebote macht, bei denen er sich betätigen kann. Den Kindern gibt er ehrenamtlich Gitarrenunterricht. Darüber hinaus haben sich dort für ihn viele Kontakte ergeben, die auch ohne Musik für ihn von Bedeutung sind.

Wie aber findet man eine ehrenamtliche Arbeit? In erster Linie durch Kontakte, indem man sich erkundigt, etwa bei Freunden und Bekannten. Sie können aber auch bei Vereinen, Kirchengemeinden, Altenheimen usw. direkt nachfragen – je nachdem, was man machen möchte. Die Lektüre einer Tageszeitung, ob nun aus Papier oder online, kann auch nicht schaden. In vielen Städten gibt es auch »Freiwilligenagenturen«, die bürgerschaftliche Arbeit vermitteln.

Wichtig ist, dass Sie sich darüber im Klaren sind, welche Verbindlichkeit, welche Häufigkeit und welchen Umfang an Arbeit Sie leisten möchten. Für diejenigen, die sich nicht sicher sind, ob sie regelmäßig und verbindlich jede Woche ein bestimmtes Pensum leisten können, kann es infrage kommen, im Rahmen eines Tauschrings nur unregelmäßig bestimmte Dienste anzubieten. Tauschringe bezahlen nicht mit Geld, sondern schreiben einem die Zeit gut, die man investiert hat. Für diesen Zeitbonus kann man dann die Leistungen eines anderen Mitglieds in Anspruch nehmen. Solche Dienste können zum Beispiel sein: Kuchen backen, Fahrräder reparieren, Hunde ausführen, Möbel aufbauen und vieles andere mehr. Klarmachen muss man sich, dass ein Tauschring auf Gegenseitigkeit beruht. Wenn man ständig Dienste anderer beansprucht, selbst aber kaum Beiträge leistet und dadurch mit dem Zeitkontingent ins Minus rutscht, kann das zu einem ungesunden Druck führen.

Weiterhin kann ehrenamtliche Arbeit natürlich auch in der Selbsthilfe stattfinden. Oder im psychiatrischen Bereich. In nicht wenigen Kontaktstellen sind es die Besucher selbst, die in Eigenregie bestimmte Öffnungszeiten vorhalten oder Gruppenangebote machen. Daneben gibt es natürlich immer auch »inoffizielle« ehrenamtliche Arbeit, für die man sich nur in der Nachbarschaft oder im Bekanntenkreis einigermaßen aufmerksam umsehen muss: Vielleicht können Sie für Ihre alte Nachbarin einkaufen gehen, die Katze des verreisten Bekannten versorgen, jemandem bei einer Renovierung oder beim Kelleraufräumen helfen – es gibt immer reichlich zu tun!

FANNY pflegt einen sehr großen Freundes- und Bekanntenkreis. Wenn jemand für längere Zeit abwesend ist, hütet sie Wohnungen, Katzen, Briefkästen. Sie ist auch sonst sehr hilfsbereit: Erkrankt jemand in ihrer Umgebung, kauft sie für ihn ein, hilft auch mal beim Putzen oder leistet einfach nur Gesellschaft. Ähnlich wie bei Enno haben ihre Kontakte aber auch andere Qualitäten, es wird viel gemeinsam unternommen. Obwohl sie keinen regulären Job oder fest umrissene Aufgaben hat, hat sie ein ausgefülltes Leben!

Klingt Ihnen das doch alles noch zu sehr nach dem traditionellen Arbeitsbegriff, mit dem Sie so schlechte Erfahrungen gemacht haben? Eine andere, weniger arbeitsorientierte Art des Aktivseins ist es, wenn Sie ein schönes Hobby pflegen. Der Begriff »Hobby« mag vielleicht etwas angestaubt klingen, vielleicht denken Sie, Sie müssten dann in einem dämmrigen Bastelkeller sitzen und Modelleisenbahnen zusammenbauen. Aber auch hier ist die Auswahl riesig: Vielleicht wollten Sie schon lange mal in einem Chor mitsingen oder ein Instrument spielen, gern Sport machen, irgendetwas sammeln und sich mit anderen darüber austauschen? Vielleicht interessieren Sie sich für mittelalterliche Rollenspiele oder für Astronomie? Nicht zu vergessen die vielen Möglichkeiten, sich kreativ zu betätigen, auf die wir in einem späteren Kapitel ausführlicher eingehen. Sich um ein Haustier zu kümmern kann auch sehr erfüllend sein, bedeutet aber auch eine entsprechende Verantwortung. Und denken Sie dabei daran, dass auch (nicht unerhebliche) Tierarztkosten entstehen können! Hobbys können tiefe Befriedigung verschaffen und den Alltag aufhellen. Für manche wird es auch zum Lebensinhalt, ihre Freundschaften intensiv zu pflegen; viele Menschen haben dafür heutzutage gar keine Zeit mehr. Hier können Sie etwas bieten, was vielen anderen nicht zuletzt durch ihre Berufstätigkeit nur eingeschränkt möglich ist.

Zum Schluss soll eine Gruppe von Psychiatrie-Erfahrenen im Mittelpunkt stehen, die sich in diesem Kapitel vielleicht bisher übersehen gefühlt hat. Schließlich heißt es im Titel ja »Leben ohne Erwerbsarbeit«, und nun war ausgiebig die Rede von bezahlter oder unbezahlter Arbeit, Hobbys und anderen Aktivitäten. Es gibt aber auch Psychiatrie-Erfahrene, denen es dafür zu schlecht geht. Die nicht einmal ihre Gedanken in solche Richtungen lenken, geschweige denn, sie in die Tat umsetzen können. Die all ihre Kraft benötigen, um halbwegs gut über den Tag zu kommen und sich selbst und ihre Wohnung bzw. ihr Zimmer zu versorgen. Die auch dabei noch manchmal Unterstützung benötigen.

SIBYLLE Ich kenne selbst Zeiten, in denen ich, wenn ich mir morgens Hose und Pullover angezogen hatte, das Gefühl hatte, mehr werde ich an diesem Vormittag nicht schaffen. Bei mir sind diese Zeiten zum Glück wieder vorbeigegangen. Aber ich war damals natürlich unglücklich darüber. Ich hatte das Gefühl, ich schaffe nichts, leiste nichts, trage nichts bei. Vegetiere nur so dahin, kann mich nicht mal vernünftig um mich selbst zu kümmern. Menschen, denen es so geht, haben in unserer leistungsorientierten Welt dann oft das Gefühl, sie seien nichts wert. Ich hingegen bin der tiefen Überzeugung, dass der »Wert« eines Menschen nicht an seiner (Arbeits-)Leistung gemessen wird. Dabei hilft mir auch meine religiöse Einstellung, die alle Menschen als gewollt und wertvoll ansieht, auch wenn sie nichts Erkennbares tun und auf sehr viel Unterstützung angewiesen sind.

Für diejenigen, die keinen solchen religiösen Hintergrund haben, ist vielleicht das nachfolgende Zitat eine kleine Aufmunterung:

Was soll das heißen, was ich den ganzen Tag mache? Ich mache nichts.
Und jetzt lassen Sie mich in Ruhe. Ich muss nachdenken!
Es geht Sie überhaupt nichts an, worüber ich nachdenke. Sie wären
ja doch beleidigt.
© Karl Heinz Dreyer

Wir möchten Psychiatrie-Erfahrenen, die in solch einer Lage sind, gerne Mut machen, dass diese Zeiten auch vorübergehen können. Und natürlich würden wir Sie gerne ermutigen, wenigstens kleine Aktivitäten in Angriff zu nehmen. Wir wissen es aus eigener Erfahrung, dass man dieses Anregen oft als Druck empfindet, der von Angehörigen, Freunden, Wohnbetreuern und Therapeuten ausgeübt wird. Deshalb verweisen wir an dieser Stelle auf eine andere Möglichkeit, die Ihnen vielleicht leichter fällt: Es gibt auch eher passive Genüsse, für die man nicht viel tun muss. Sich irgendwo in die Sonne setzen, auf dem Balkon oder einer Parkbank. Sich schöne Musik anhören. Sich einen netten Fernsehabend machen. Einen leckeren Kaffee oder Tee kochen. Diese kleinen Alltagsgenüsse mögen dem einen oder der anderen vielleicht zu klein oder zu armselig erscheinen, besonders, wenn Sie sich Ihr Leben ganz anders vorgestellt hatten oder viele Verluste erlitten haben. Aber letzten Endes sind wir alle, wie gut oder wie schlecht es uns auch geht, auf gerade diese kleinen Alltagsgenüsse angewiesen.

Mit Krisen klug umgehen

Bin ich überhaupt krank?

In der Psychiatrie gibt es ja das interessante Phänomen, dass Menschen im Krankenhaus als Kranke behandelt werden, die sich selbst nicht als krank ansehen. Dass Menschen jahrelang von einem Arzt ambulant als Kranke behandelt werden, aber ihre Diagnose weit von sich weisen. »Ich bin nicht krank!« haben fast jeder Psychosebetroffene und viele mit anderen Störungen schon mal gesagt. Nun, vielleicht sind Sie wirklich nicht krank, das können wir nicht wissen hier von unserem Schreibtisch aus. Und auch ansonsten steht uns eine Diagnose nicht zu. Wir wollen Ihnen also nicht einreden, dass Sie krank sind. Es kann durchaus sein, dass Sie nicht krank sind.

SVENJA Ich dachte auch so ungefähr zehn Jahre lang unter steter ambulanter und gelegentlich stationärer Behandlung, dass ich gar nicht krank bin. Ich kenne also die Situation, wenn Ärzte der Meinung sind, man ist krank, man selbst sieht das aber anders. Nun denke ich heute, dass ich eine Psychose habe. So schlimm finde ich das nicht mehr, ich komme ganz gut klar.

Wie aber kam dieser Wandel von »Ich bin nicht krank« zu »Ich habe eine Psychose, aber das ist nicht so wild« zustande?

Die Ablehnung solcher Diagnosen ist verständlich, wenn man sich vor Augen führt, was die Diagnose einer psychischen Erkrankung bedeutet. Wir alle haben Bilder von der Psychiatrie im Kopf. Diese Bilder sind erschreckend, vor allem wenn das erste Mal eine Diagnose gestellt wird. Wir denken beispielsweise bei einer Schizophrenie immer noch an Unheilbarkeit, fürchten, dass alles verloren ist, alle Ziele aufgegeben werden müssen, wir als Verrückte nicht mehr ernst genommen werden und entmündigt unser Leben fristen. Wer will schon von sich sagen, dass er schizophren ist? Das klingt doch gefährlich und abstoßend, wenn man nichts über Schizophrenie weiß.

Leider sind die psychiatrisch Tätigen auch nicht immer hilfreich. Vielleicht gibt ein Arzt übergriffige Ratschläge, will immerzu alle Probleme sofort lösen, ohne Sie zu fragen, was für Sie Sinn ergibt. Vielleicht sind die Krankenhausaufenthalte sehr unangenehm. Vielleicht erschrecken sogar die Mitpatienten vor Ihrer Diagnose. Manchmal gibt es Gründe, die Augen vor einer Diagnose zu verschließen. Manchmal hat man nur so den Mut, den man sonst nicht hätte. Manchmal traut man sich ein selbstständiges Leben dann eher zu. Die Ablehnung der Diagnose kann also durchaus Sinn ergeben.

SVENJA Bei mir begann die Auseinandersetzung mit der Psychose in einer Situation, die in jeder Hinsicht sehr belastend und schwierig war. Ich spürte, dass ich Hilfe brauchte, dass ich mit jemandem zusammenarbeiten musste, um da wieder rauszufinden. Zum Glück gab es auch einen Behandler, der mir vertrauenswürdig schien. Der sagte mir, ich hätte eine Psychose. Ich fragte ihn, wie denn die Innenperspektive einer Psychose sei, was man da denkt und fühlt. Da empfahl er mir Bücher, die das Erleben in einer Psychose beschreiben. Nach der Lektüre war mir klar, dass ich tatsächlich eine Psychose hatte.

Der Widerstand gegen eine Diagnose kann Sinn ergeben. Er kann Sie aber auch behindern, Ihre Energien binden und eine gute Kooperation mit einem Helfer verhindern. Letztlich haben Sie den Schaden,

Ihnen geht es schlecht. Vielleicht mögen auch Sie in so einer Situation Erfahrungsberichte mit Ihrer Diagnose lesen und sich fragen, ob Sie das kennen?

Keine der psychiatrischen Diagnosen bedeutet das Ende der Welt. Es gibt mit jeder Diagnose auch gute Verläufe. Es ist auch mit einer schweren Erkrankung ein gutes Leben möglich. Ihre Energien sind besser investiert in den Kampf für eine gute Lebensqualität als in den Kampf gegen eine Diagnose.

Krisenvorsorge

Das Thema Krise ist schwierig. Die meisten schwer psychisch kranken Menschen, die wir kennen, haben schon schlechte Erfahrungen mit der Behandlung in einer Krise gemacht. Vielleicht gab es Zwangseinweisungen, vielleicht sogar Fixierungen, vielleicht Demütigungen und Beschämung oder ungünstige Interaktionen mit Mitpatienten. Insbesondere Menschen mit Psychosen erleben Krisenbehandlung oft als unangenehm.

Das scheint auch der Grund dafür zu sein, warum viele nicht über Krisen nachdenken wollen. Natürlich kann man hoffen, dass man nie wieder in eine Krise rutscht. Aber wie wahrscheinlich ist das, wenn man schon einige hatte? Wäre es nicht besser, davon auszugehen, dass es erneut zu einer Krise kommen kann, und dafür eine Art Notfallplan zu machen?

Am Anfang der persönlichen Reflexion stehen ein paar Fragen: Wie viele Krisen hatten Sie schon? Wie kam es, dass Sie aus diesen wieder herausfanden? Was hat Ihnen geholfen? Haben Sie selbst gemerkt, dass es Ihnen nicht gut ging? Konnten Sie noch reagieren? Wer aus Ihrem

Umfeld hat gemerkt, dass es Ihnen nicht gut ging? Wenn Sie Antworten finden auf diese Fragen, sind Sie ein gutes Stück vorangekommen.

GINA hatte bereits mehrere lange Krankenhausaufenthalte wegen schlimmer Depressionen, als ihr plötzlich eine Erkenntnis kam: Den Depressionen ging immer eine Phase mit viel kreativer Arbeit, Hochstimmung und Selbstbewusstsein voraus. Immer wenn sie dachte, jetzt könne sie musikalisch mit ihren Kompositionen große Fortschritte machen, vertiefte sie sich so sehr in diese kreative Arbeit, dass sie sich darin verlor. Schon bald kam eine sehr schlimme Depression. Als ihr dieser Zusammenhang bewusst wurde, verzichtete sie schweren Herzens auf das Komponieren von Musik. Sie gerät nun nicht mehr in diese Hochstimmung und vermeidet damit auch die Depressionen. Möglich wurde dies, als sie erkannte, dass neue Krisen kommen können, und als sie darüber nachdachte, was diesen Krisen jeweils voranging, wie sie abliefen.

Krisenvorsorge ist vor allem wichtig, wenn man durch Krisen etwas zu verlieren hat: den Arbeitsplatz, den Partner, das Kind, sein Geld. Für manche wäre es aber auch wichtig, um einen Forensikaufenthalt zu vermeiden oder eine geschlossene Unterbringung. Wenn Sie über Ihre Lebenssituation nachdenken: Gibt es da etwas, das Sie in der Krise verlieren könnten? Wenn Ihnen das lieb und teuer ist, sollten Sie einen Krisenplan machen (Hinweise auf Vorlagen finden Sie am Ende des Kapitels).

Wenn Sie einen persönlichen Krisenplan aufstellen, ist es wichtig, dass Sie sich vergegenwärtigen, wie Ihre Krisen verlaufen und welche Anzeichen das Herannahen einer Krise ankündigen. Diese Frühwarnzeichen gibt es nicht nur bei Menschen, die Psychosen erleben, sondern auch bei Menschen, die andere Arten von Krisen erleben, zum Beispiel Depressionen und Manien. Versuchen Sie, beim Benennen dieser Krisenzeichen sich selbst gegenüber so ehrlich wie möglich zu sein. Für manche ist das nicht ganz einfach, etwa weil sie sich für ihre Krisen schämen oder weil die Krisenzeichen mit angenehmen Gefühlen einhergehen. Wenn man sich im Vorfeld einer Krise plötzlich bärenstark und mächtig fühlt, das Gefühl hat, »alles« zu durchblicken, oder starke Glücksgefühle auftreten, ist es natürlich schwierig, diese positiven Gefühle als problematisch einzustufen.

Vergessen Sie aber auch nicht zu beschreiben, wie es Ihnen geht, wenn Sie von einer Krise weit entfernt, also in einem guten Zustand sind. Sonst kann es passieren, dass Sie nur darauf achten, ob irgendetwas in Ihrem Denken, Wahrnehmen, Fühlen wieder »kritisch« ist, auf eine Krise zuläuft. In Panikmache und übertriebene Selbstüberwachung soll eine Krisenvorsorge natürlich nicht ausarten. Mit der Zeit und mit zunehmender Erfahrung werden Sie besser erkennen, welche Art zu denken, wahrzunehmen und zu fühlen für Sie noch »normal« ist und zu Ihnen gehört (ob Ihnen das nun gefällt oder nicht) und welche Anzeichen wirklich auf eine Krise hindeuten.

Bei Psychosen ist es ein Problem, dass die wenigsten in einer akuten Krankheitsphase aktiv Hilfe suchen. Sie deuten die Symptome nicht so, dass sie krank sind und zum Arzt gehen sollten. Stattdessen denken sie eher, dass jetzt ein aufregender neuer Lebensabschnitt beginnt. Nicht selten ist auch das Gefühl extremer Bedrohung oder weltumspannender Bedeutung. Ein Arztbesuch erscheint unter diesen Umständen dann schnell als nachrangig. Wenn Sie auf vergangene Krisen zurückblicken, ist es einfacher, zu sehen, wann Sie Hilfe brauchen. Auch ein Blick von außen kann hilfreich sein. Außer einem Krisenplan, der eher für Sie selbst gedacht ist, also die Dinge enthält, die Sie in dieser Situation für sich tun können, sollten Sie noch bedenken, wie Sie auf Ihr Umfeld, also auf die Art und Weise, wie Sie Hilfe erhalten können, schon heute Einfluss nehmen können. Sie können in einer sogenannten Vorausverfügung festlegen, wie Ihnen im Fall einer Krise geholfen werden soll – und auch, was unterlassen werden soll. Natürlich können Sie rein privat, mit Ihren Angehörigen oder Freunden mündlich oder schriftlich abmachen, wer Sie wie in der Krise unterstützen und wer sich lieber fernhalten soll; es gibt aber auch rechtlich verbindliche Vorausverfügungen für den Fall, dass Sie Ihre Angelegenheiten nicht mehr selbst regeln können oder Ihnen diese Fähigkeit abgesprochen wird (Geschäftsunfähigkeit). So gibt es die Möglichkeit, eine Patientenverfügung für den psychiatrischen Bereich zu verfassen. Darin legen Sie fest, ob und welche psychiatrische Behandlung Sie für sich wünschen (https://wegweiser-betreuung.de/psychiatrie/patientenverfuegung). Sie können eine Patientenverfügung auch nutzen, um jegliche psychiatrische Behandlung, auch die Untersuchung und Maßnahmen zur Diagnosestellung, abzulehnen. In diesem Sinne ist die Patientenverfügung der Irrenoffensive in Berlin ausgerichtet (https://www.patverfue.de). Sie können aber natürlich auch – wenn Sie grundsätzlich mit einer psychiatrischen Behandlung einverstanden sind oder diese für unvermeidbar halten – eine Patientenverfügung aufstellen, in der Sie die wichtigsten Eckdaten für die Behandlung festlegen.

In einigen Kliniken gibt es mittlerweile auch die Möglichkeit, eine sogenannte Behandlungsvereinbarung abzuschließen (Beispiel: https://www.psychiatrie-verlag.de/fileadmin/storage/dokumente/Diverse/ZusatzmaterialService/Diverse/behandlungsvereinbarung.pdf). Das ist ein Dokument, in dem Absprachen mit der Klinik für den Fall der Wiederaufnahme festgehalten werden. Im Gegensatz zu einer normalen Patientenverfügung ist die Behandlungsvereinbarung keine »einseitige«

Willenserklärung, sondern sie wird mit der Klinik – wie der Name schon sagt – vereinbart. Inzwischen hat sie dieselbe rechtliche Verbindlichkeit wie eine Patientenverfügung.

Eine weitere wichtige Vorausverfügung ist die Vorsorgevollmacht, mit der Sie einer Person Ihres Vertrauens die Vollmacht geben, Ihre Angelegenheiten zu regeln, wenn Sie das nicht können. Eine Vollmacht kann auch zu einem vorher bestimmten Zeitpunkt – zum Beispiel im Fall einer Aufnahme in eine Klinik – greifen. Sie können selbst bestimmen, wann und wie weit die Vollmachten dieser Person reichen sollen und auf welche Gebiete sie sich erstrecken. So können Sie zum Beispiel bestimmen, dass die bevollmächtigte Person Auskünfte von Ärzten oder Akteneinsicht erhalten soll, dass sie ärztlichen Maßnahmen an Ihrer Stelle zustimmen oder sie ablehnen kann. Die bevollmächtigte Person kann sich um Ihre finanziellen Belange kümmern oder um die Angelegenheiten, die mit Ämtern und Behörden geregelt werden müssen. Ein Bevollmächtigter, eine Bevollmächtigte ist auch geeignet, um die Einhaltung Ihrer Patientenverfügung bzw. Behandlungsvereinbarung zu überwachen und gegebenenfalls durchzusetzen.

Die Vollmachten können so weit gehen wie die Befugnisse eines gesetzlichen Betreuers, Sie können mit der Erteilung einer Vollmacht deshalb oft auch die Einrichtung einer gesetzlichen Betreuung verhindern. Der Unterschied zu dieser ist, dass Sie selbst den Rahmen bestimmen und nicht ein Gericht. Und Sie können die Vollmacht jederzeit wieder entziehen, wenn Sie zum Beispiel den Eindruck haben, dass die bevollmächtigte Person doch nicht in Ihrem Sinne handelt.

Man kann die Vorsorgevollmacht gegen eine kleine Gebühr in ein bundesweites Register eintragen lassen. Insbesondere Richter, die eine Betreuung einrichten sollen, sind gehalten, nach solch einer Vollmacht zu fragen und abzuklären, ob es eine gibt.

In wenigen Einzelfällen kann es passieren, dass trotz bestehender Vollmacht eine gesetzliche Betreuung eingerichtet wird. Wer auch dafür vorsorgen will, kann eine sogenannte Betreuungsverfügung erstellen. Eigentlich besteht sie nur aus einem Vorschlag, wer im Falle einer Betreuung diese übernehmen soll, das heißt, man schlägt selbst – für alle Eventualitäten – eine mögliche gesetzliche Betreuungsperson vor.

Manchem geht dies allerdings zu weit, dann kommt das Argument, man könne ja gleich seine eigene Entmündigung betreiben. Wer so denkt, wird natürlich keine Betreuungsverfügung erstellen. Wir kennen allerdings auch Menschen, die sogar selbst eine gesetzliche Betreuung für sich angeregt haben, etwa um den ständigen Ärger mit Behörden los zu sein, der sie psychisch einfach zu stark belastete.

HANNES lebte in einer betreuten WG in einer Kleinstadt. Er hatte den Wunsch, in der nächstgelegenen Großstadt wieder in einer eigenen Wohnung zu leben, allerdings mit einer Alltagsbegleitung (ambulant Betreutes Wohnen). Er hatte aber das Gefühl, dass er das, was dazu nötig war, nicht allein schaffen würde: eine neue Wohnung in der Stadt suchen und anmieten, den Umzug bewerkstelligen, einen Träger des Betreuten Wohnens finden, die Verhandlungen mit dem Grundsicherungsamt führen. Er regte also für sich selbst und nur für diesen Zweck eine gesetzliche Betreuung an. Es klappte glücklicherweise alles so, wie er es erhofft hatte, und nach einem Jahr wurde die Betreuung wieder aufgehoben.

Im Gegensatz zu einem Krisenplan und einer Patientenverfügung, die Sie ganz allein aufstellen können, ist es bei einer Vorsorgevollmacht und einer Betreuungsverfügung notwendig, sich darüber ausführlich mit der Person abzusprechen, die Sie für eine gute Stellvertreterin halten.

Eine Patientenverfügung für psychische Krisen ist genauso wichtig wie eine für den somatischen Bereich. Besonders aber eine Vorsorgevollmacht sollte eigentlich jeder Mensch abschließen. Wie schnell kann irgendetwas passieren: Nicht nur eine psychische Krise kann auftreten, sondern auch Unfälle können passieren, nach denen Sie bewusstlos sind. Nicht jeder will dann seine Angelegenheiten »einfach so« den nächsten Angehörigen überlassen, und selbst wenn: Diese haben oft gesetzlich gar nicht die Möglichkeit, Sie zu vertreten, auch nicht als Ehepartner!

Was aber ist wichtig für psychiatrieerfahrene Menschen, um Krisen vorzubeugen? Und wie können Sie dafür sorgen, dass Sie in einer Krise rechtzeitig Hilfe bekommen?

SVENJA Ich glaube, hier ist es von zentraler Bedeutung, dass Sie einen ambulanten Behandler haben, einen Psychiater oder Psychologen oder auch Sozialarbeiter, von dem Sie ganz genau wissen, dass er oder sie Ihnen wohlgesonnen ist und Sie nicht mutwillig ins Krankenhaus stecken wird. Sie müssen darüber völlige Gewissheit haben: Dieser Mann oder diese Frau ist auf meiner Seite. Wenn er oder sie empfiehlt, dass ich ins Krankenhaus gehe, ist es wirklich notwendig, auch wenn ich es nicht sehen kann. Sie brauchen jemanden, dem Sie auch in der Krise nicht ambivalent gegenüberstehen und auf den Sie sich verlassen können.

Das soll nicht die alte Leier sein, dass psychosekranke Menschen ihrem Arzt vertrauen sollen, denn der kenne sie am besten. Auch ich hatte schon viele Behandler, denen ich nicht auf diese Weise vertraut habe. Diese Art von Vertrauen ist nur möglich, wenn der Behandler mich im Blick hat, wenn er nicht unpassende Ratschläge gibt oder mich in eine Ecke drängen will, in die ich nicht möchte. Das Vertrauen muss gegenseitig sein, der Behandler muss auch sehen, dass ich unter Berücksichtigung aller inneren und äußeren Faktoren mein Bestes gebe.

Stattdessen empfehle ich Ihnen, Ihren ambulanten Behandler auf seine Krisentauglichkeit hin zu überprüfen. Fragen Sie sich: Würde ich ins Krankenhaus gehen, wenn er es empfiehlt? Wenn die Antwort darauf Nein ist, fragen Sie sich, warum das so ist. Oft stimmt dann etwas in der therapeutischen Beziehung nicht. Oft fühlt man sich dann nicht gesehen und nicht geschätzt, nicht unterstützt. In dem Fall sollten Sie den Behandler wechseln und versuchen, mit einem neuen diese Art von gegenseitigem Vertrauen aufzubauen.

SIBYLLE Mir ist noch etwas anderes wichtig. Wenn es mir nicht so gut geht und ich denke, dies könnte eventuell in eine Krise münden, ist es nicht mein erster Gedanke, meinen Arzt anzurufen oder aufzusuchen, und auch nicht, zu einer zusätzlichen Medikation zu greifen. Das kommt bei mir erst ganz am Ende, wenn viele andere Maßnahmen nichts geholfen haben und wenn ich gleichzeitig das Gefühl habe, es ist schlimmer geworden und ich bin wirklich gefährdet.

Vorher versuche ich, mir selbst zu helfen, durch viele andere Maßnahmen eine Verschlimmerung oder gar akute Krise zu verhindern und dafür zu sorgen, dass es mir wieder besser geht. Manchmal tut es mir gut, Termine und Verpflichtungen abzusagen und mir Ruhe zu gönnen. Manchmal ist zu viel Ruhe und Reizarmut aber auch gar nicht gut, weil dann das Theater in meinem Kopf erst recht überdimensional wird. Dann kann es besser für mich sein, mein Tagesprogramm, vielleicht etwas abgespeckt, trotz Ängsten oder anderer Symptome durchzuführen. Manchmal hilft es mir, mit einer vertrauten Person über mein aktuelles Problem zu reden. Manchmal möchte ich auch nicht darüber reden. Wenn ich einen längeren »Durchhänger« habe, hilft es mir, mich zu erinnern, dass ich solche Phasen früher schon hatte und dass sie vorbeigegangen sind. Manchmal hilft mir Rückzug, manchmal das Gegenteil, Rausgehen. Manchmal tut Bewegung gut, manchmal, sich ins Bett zu legen.

Wir sind sicher, dass jeder, der von psychischen Krisen betroffen ist, mit der Zeit auch eine Menge darüber lernt, wie er Krisen verhindern bzw. zu einem besseren Befinden gelangen kann. Oft ist einem dies nur nicht so bewusst. Legen Sie doch einfach mal eine Liste an mit Ihren ureigenen, persönlichen Selbsthilfestrategien!

Und wenn Sie dafür noch weitere Anregungen brauchen, gibt es dazu auch Literatur.

WEITERLESEN

Formulare und hilfreiche Informationen für die Krisenprävention finden sich im Internet unter: http://www.einblicke-altenburg.de/?q=node/1279

Matthias Hammer: Das innere Gleichgewicht finden. Achtsame Wege aus der Stressspirale. 2. Auflage, BALANCE buch + medien verlag, Köln 2012.

Andreas Knuf und Anke Gartelmann: Bevor die Stimmen wiederkommen. Vorsorge und Selbsthilfe bei psychotischen Krisen. 9. Auflage, BALANCE buch + medien verlag, Köln 2014.

■ ■ Medikamente: Akzeptieren oder nicht?

Die Frage nach den Medikamenten und ob man sie nehmen soll oder nicht, ist für viele Psychiatrie-Erfahrene von großer Bedeutung. Vielleicht sogar von zu großer Bedeutung. Und sie polarisiert: Diejenigen, die Medikamente ablehnen, haben oft kein Verständnis für diejenigen, die sie akzeptieren. Umgekehrt halten diejenigen, die Medikamente einnehmen, häufig alle Appelle, doch darauf zu verzichten, für schlicht »gefährlich« und unrealistisch.

Es ist nicht einfach, in dieser auch emotional hoch aufgeladenen Frage zu einer eigenen Meinung und Entscheidung zu finden: Vielleicht macht der Arzt, die Ärztin sehr viel Druck, dass Sie Medikamente einnehmen. Oder Ihre Familie, die Angst hat vor neuen Krisen und was dann alles passieren kann. Vielleicht fügen Sie sich mit ganz unguten Gefühlen oder Sie rebellieren ganz entschieden. Vielleicht haben Sie auch gute Freunde, die Ihnen dringend von einer Einnahme von Psychopharmaka abraten, während Sie selbst noch unschlüssig sind. Suchen Sie im Internet nach entsprechenden Empfehlungen, finden sich ebenfalls vielfältige und sich widersprechende Informationen. Was genau Sie brauchen, ob Sie ohne oder nur mit Medikamenten zurechtkommen, wird Ihnen das Netz allerdings auch nicht sagen.

Auch wir können Ihnen keine eindeutige Empfehlung geben, wir gehen nämlich davon aus, dass die Medikamentenfrage sehr komplex und hochindividuell ist und in jedem einzelnen Fall unter Berücksichtigung aller Umstände (immer wieder neu) entschieden werden muss. Wir sind auch nicht davon überzeugt, dass Sie eine solche Entscheidung nur aufgrund der Lektüre eines Buches treffen sollten. Wir hoffen aber, ein paar Denkanstöße geben zu können, die Ihnen vielleicht weiterhelfen.

Wahrscheinlich wissen Sie, dass Medikamente bei jedem Menschen anders wirken. Es ist also vorher nicht absehbar, wie Sie auf ein bestimmtes Medikament reagieren werden. So kommt es, dass für die einen die Wirkungen und Nebenwirkungen so furchtbar sind, dass sie sich eine weitere Einnahme von Medikamenten nicht vorstellen können, dafür sogar weitere Krisen in Kauf nehmen, während andere Menschen sich zwar durch die Nebenwirkungen beeinträchtigt fühlen, trotzdem aber die Einnahme als hilfreich empfinden und die Einschränkungen deshalb hinnehmen.

Darüber hinaus gibt es natürlich alle denkbaren Variationen: Menschen, die Neuroleptika nur in akuten Krisen akzeptieren, sie aber nicht dauerhaft einnehmen. Betroffene, bei denen die Medikamente trotz vorschriftsmäßiger Einnahme kaum oder gar nicht wirken. Menschen, die die Medikamente »zähneknirschend« einnehmen, das heißt sehr gerne auf sie verzichten würden, aber die Erfahrung machen mussten, dass es ohne Medikamente nicht geht. Daneben diejenigen, denen es gelungen ist, sie trotz mehrfacher Krisen dauerhaft und erfolgreich abzusetzen (leider gelingt das nach unseren Erfahrungen nur einer kleinen Anzahl). Natürlich gibt es auch diejenigen, die man als »medikamentengläubig« bezeichnen könnte, die generell zu viel von den Medikamenten erwarten, die jedem Unwohlsein gleich medikamentös begegnen wollen. Es gibt auch Menschen, die sehr erfahren und selbstständig sind in der Steuerung der Medikamenteneinnahme, andere sind sich unsicher und fragen lieber dreimal ihren Arzt. – Kurz: Das Spektrum ist groß, weil die Menschen verschieden sind, unterschiedliche Bedürfnisse haben und unterschiedlich auf die verschiedenen Wirkstoffe reagieren. Deshalb muss jeder für sich die Risiken und den Nutzen von Medikamenten abwägen. Diese Fragen können Ihnen dabei helfen:

- Wie wirken sich weitere Krisen auf Ihr Leben aus, was können Sie verlieren?

- Helfen die Medikamente Ihnen, Krisen zu vermeiden?
- Welche Nebenwirkungen können Sie gegebenenfalls hinnehmen, welche nicht?
- Wenn Sie Menschen kennen, die erfolgreich abgesetzt haben, sprechen Sie mit ihnen: Was sind deren Strategien, um beispielsweise mit krisenhaften oder belastenden Situationen umzugehen?
- Wären diese Wege auch für Sie gangbar? Haben Sie dasselbe auch schon einmal ausprobiert, und waren Sie damit erfolgreich oder nicht?

Wichtig ist, bei diesen Fragen einigermaßen ehrlich zu sich selbst zu sein und sich (und andere) nicht vor lauter Ehrgeiz, unbedingt medikamentenfrei leben zu wollen, in unnötige Schwierigkeiten zu bringen.

Die Entscheidung für eine Medikation ist keine leichte. Neuroleptika zum Beispiel sind Medikamente mit gravierenden Nebenwirkungen, die man nur in Kauf nimmt, wenn die Vorteile überwiegen. Dieser Logik folgen auch viele Ärzte. Insofern fragen Sie auf jeden Fall nach den Nebenwirkungen, wenn Sie nicht direkt informiert werden. Sie haben Anspruch auf Aufklärung.

Lange Zeit erhielten Betroffene keine Warnungen vor Nebenwirkungen, auch nicht in Bezug auf die mögliche deutliche Gewichtszunahme bei Einnahme von atypischen Neuroleptika etwa. Und hier liegt ein Riesenproblem: Wenn ich nicht weiß, dass es bei einem Medikament sehr wahrscheinlich ist, dass ich zunehme, kann ich auch nicht versuchen, gegenzusteuern.

Also: Fragen Sie nach wichtigen Nebenwirkungen! Erkundigen Sie sich! Aber dann sollten Sie die Information auch nicht überbewerten. Alle wirksamen Medikamente haben Nebenwirkungen. Erträgliche Nebenwirkungen sind kein Grund, das Medikament nicht zu nehmen.

Wenn aber eine Nebenwirkung für Sie nicht erträglich ist, dann sollten Sie das Ihrem Arzt oder Ihrer Ärztin deutlich sagen. Bestehen Sie darauf, dass etwas geändert wird, an der Dosierung, bei der Medikamentenwahl. Fragen Sie sich aber auch, ob nicht Vorteile der Medikamenteneinnahme gewisse Nebenwirkungen aufwiegen.

Natürlich sollten diejenigen, die sich für Medikamente entscheiden, ein möglichst verträgliches Präparat bekommen in einer möglichst niedrigen Dosierung, die es auszuloten gilt. Wir meinen auch, jeder, der Psychopharmaka einnimmt, sollte die Chance haben, gut vorbereitete und begleitete Reduzierungs- oder Absetzversuche zu unternehmen. Wir wissen natürlich, dass viele Ärzte sich auf Absetzversuche gar nicht erst einlassen wollen, aber werfen Sie nicht so schnell die Flinte ins Korn: Manchmal ist es überraschend, was ein Psychiater dann doch mitmacht, wenn er Sie schon länger kennt und gut einschätzen kann.

Es lohnt sich auch, bei Selbsthilfegruppen und -verbänden nach entsprechend orientierten Ärztinnen und Ärzten nachzufragen. Hilfreich kann es auch sein, wenn Sie nicht nur mit einem Arzt zusammenarbeiten, sondern auch Ihr soziales Umfeld auf Ihrer Seite haben. Menschen, die Ihnen vertraut sind und denen Sie vertrauen, können Ihnen Rückmeldung geben, wie sie Sie bei einer veränderten Dosierung wahrnehmen. Überlegen Sie aber vorher, wie groß die »Katastrophe« für Sie ist, wenn sich herausstellt, dass Sie mit einer wesentlich geringeren Dosis oder ganz ohne Medikamente doch nicht auskommen.

Und damit kommen wir zurück zum Anfang dieses Kapitels: Wir freuen uns natürlich sehr mit jedem Psychiatrie-Erfahrenen, dem es gelingt, seine Medikamente abzusetzen oder mit weniger auszukommen. Aber, so wichtig die Medikamentenfrage zu bestimmten Zeiten sein kann: Lassen Sie sich nach Möglichkeit nicht Ihr ganzes Leben davon diktieren! Wenn es gelingt, mit einer einigermaßen verträglichen Dosierung auszukommen, sollte diese Medikation nicht Ihren Selbstwert oder Lebenssinn infrage stellen. Natürlich ist die längerfristige Einnahme nicht die »ideale« Lösung – aber, vorausgesetzt, Sie haben ein verträgliches Präparat und eine passende Dosierung gefunden: Auch mit Medikamenten kann das Leben gut und lohnenswert sein und ziemlich »normal«!

Es gibt mittlerweile zum Beispiel eine Reihe von Betroffenen mit Schizophrenie-Diagnosen, die mit Medikamenten studieren oder arbeiten gehen. Das heißt allerdings auch, die Medikamente sind nicht an allem schuld, was Ihnen im Leben nicht gelingt oder nicht gefällt. Ohne Medikamente geht es Ihnen nicht zwangsläufig besser, finden Sie nicht endlich einen guten Ausbildungsplatz, eine schöne Arbeit oder eine Partnerschaft. Das ist für uns alle ein langer und oft schwieriger Weg, den viele ohne die Unterstützung von Medikamenten nicht bewältigen. Wenn Ihnen Ihr Leben nicht gefällt, ist es sehr einfach, zu denken, das liege an den Medikamenten, aber sicher ist das nicht. Und wenn Sie nur auf die Medikamente schauen, übersehen Sie vielleicht, was Sie auch und möglicherweise einfacher ändern könnten. Unser Rat: Versuchen Sie, Ihre Lebensqualität zu verbessern. Darauf kommt es an. Die Lebensqualität ist viel wichtiger als die Frage, ob Sie Medikamente nehmen. Medikamente sind nur ein Faktor, auf den Sie Einfluss nehmen können.

In der professionellen Literatur, aber auch in der einen oder anderen Broschüre für Betroffene ist oft die Rede davon, dass es bei der Medikamentenfrage auf eine vertrauensvolle Arzt-Patient-Beziehung ankommt. Natürlich ist es das Beste, wenn so eine Beziehung tatsächlich entsteht und besteht. Sie können auch einiges dafür tun, indem Sie sich beispielsweise einen Arzt suchen, von dem Sie sich verstanden fühlen und wo die Chemie stimmt. Wo Sie nicht gedrängt, überredet, gezwungen werden. Wo man Ihnen zuhört und wo Ihre Wünsche und Vorstellungen ernst genommen und respektiert werden. Wo vor allem auch genügend Zeit vorhanden ist. Einerseits lohnt es sich, sich aktiv danach umzusehen bzw. umzuhören. Andererseits sind wir bei diesem Ratschlag selbst kritisch: Es gibt sicherlich etliche wohlwollende Ärztinnen und Ärzte. Nur: Bei den Fünfminutenkontakten, die viele ihren Patienten angedeihen lassen, bei den auch eher sporadischen Kontakten, die man bei einem Klinikaufenthalt zum Arzt hat, haben wir das Gefühl, dass von »Beziehung« kaum die Rede sein kann.

SIBYLLE Ich frage mich manchmal, ob meine Psychiaterin mich, wenn sie mich zufällig auf der Straße träfe, überhaupt erkennen würde. Auch bei meinen letzten beiden Hausärzten war ich da nicht sicher. Sie haben nie danach gefragt, ob ich arbeite oder nicht oder was ich sonst so den ganzen Tag mache. Auch nicht, ob ich allein lebe oder mit anderen Menschen zusammen. Dabei sind das doch wichtige Faktoren für meine Gesundheit und im Krankheitsfall. In dieser Hinsicht hat sich ein nochmaliger Wechsel allerdings gelohnt. Mein aktueller Hausarzt kennt mich besser und erkundigt sich nach mir und meinem Befinden.

Sich ein Mehr an Aufmerksamkeit immerzu erkämpfen müssen, das kann sehr ermüdend sein. Sicher, es gibt engagierte Psychiater und Psychiaterinnen, die einzelnen Patienten viel Zeit und Arbeit widmen. Wenn man aber nicht zu diesen einzelnen gehört, sondern nur eine Patientin unter vielen in einer überlaufenen Praxis ist, muss man sich darauf einstellen, im Gespräch schnell auf den Punkt kommen zu müssen – einer ist dann oft die Medikation …

Positivere Erfahrungen machen Psychiatrie-Erfahrene, die sich an eine Institutsambulanz wenden, wobei diese aber nur Patienten nach bestimmten Kriterien aufnehmen dürfen. Wenn Sie etwas anderes oder mehr wollen, suchen Sie sich lieber eine Psychotherapeutin, einen Wohnbetreuer oder wer auch immer Ihnen offen und kompetent erscheint.

WEITERLESEN

Nils Greve, Margret Osterfeld, Barbara Diekmann: Umgang mit Psychopharmaka. 5., aktualisierte Auflage, BALANCE buch + medien verlag, Köln 2017.

In Zusammenarbeit mit den Chefärzten dreier psychiatrischer Kliniken, der Pflege und anderen Experten hat der Landesverband Psychiatrie-Erfahrener Rheinland-Pfalz Aufklärungsbögen über Neuroleptika in normaler und leichter Sprache entwickelt: http://lvpe-rlp.de/?q= aufklaerungsbogen-neuroleptika-normale-sprache

DGSP – Deutsche Gesellschaft für Soziale Psychiatrie e. V.: Neuroleptika reduzieren und absetzen. Eine Broschüre für Psychose-Erfahrene, Angehörige und Professionelle aller Berufsgruppen (erhältlich bei der DGSP: www.dgsp-ev.de).

Peter Lehmann, Volkmar Aderhold, Marc Rufer, Josef Zehentbauer: Neue Antidepressiva, atypische Neuroleptika. Risiken, Placebo-Effekte, Niedrigdosierung und Alternativen. Peter Lehmann Publishing, Berlin u. Shrewsbury 2017.

Jann E. Schlimme, Thelke Scholz, Renate Seroka: Medikamentenreduktion und Genesung bei Psychosen. Psychiatrie Verlag, Köln 2018.

Piet Stolz, Jana Kalms, Sebastian Winkels: Nicht alles schlucken. Krisen und Psychopharmaka. DVD. Psychiatrie Verlag, Köln 2015.

Die Meldung von unerwünschten Arzneimittelwirkungen ist bei der Arzneimittelkommission der deutschen Ärzteschaft möglich: https://www.akdae.de/Arzneimittelsicherheit/UAW-Meldung/index.html

▬▬ Wie wäre es mit einer Therapie?

Eine Psychotherapie machen – welche Gefühle löst dieser Gedanke in Ihnen aus? Vielleicht ist da Hoffnung, dass Dinge besser werden können, dass Sie sich verändern können, endlich mehr der Mensch werden, der Sie gerne sein wollen? Vielleicht haben Sie aber auch Angst vor der Intimität der Gespräche. Viele persönliche Dinge, die in einer Therapie bearbeitet werden können, beschämen uns und machen uns oft stumm.

Wenn Sie in Erwägung ziehen, eine Psychotherapie zu machen, fragen Sie sich erst einmal, was Sie sich davon erhoffen und was Sie vielleicht auch befürchten. Erhoffen Sie sich Besserung oder gar Heilung von einer psychischen Erkrankung? Bei manchen Erkrankungen ist das eine durchaus realistische Hoffnung. Zwänge und Ängste zum Beispiel können durch eine Verhaltenstherapie deutlich weniger werden. Wenn Sie diese Hoffnung haben, sollten Sie das mit dem Therapeuten oder der Therapeutin in den probatorischen Sitzungen besprechen.

Vielleicht suchen Sie vor allem Verständnis, eine Möglichkeit zu vertieften Gesprächen über belastende Aspekte Ihres Lebens oder Ihrer Geschichte. Sie brauchen dann vor allem einen Therapeuten oder eine Therapeutin, der bzw. die sich einfühlen kann in Ihre innere Welt. Jemand, der Ihnen hilft zu erkennen, wie Sie die Welt sehen, und zu ergründen, wie das kommt.

Vielleicht gibt es auch schwierige Aufgaben in Ihrem Leben, an denen Sie sich derzeit abarbeiten und wo Sie nicht weiterwissen. Vielleicht suchen Sie einen Partner oder eine Arbeit, oder ein Schicksalsschlag hat Sie getroffen und muss verwunden werden. In all diesen Fällen suchen Sie nach konkreten Bewältigungsstrategien und einer Möglichkeit, sich weiterzuentwickeln.

Diese verschiedenen Motivationen für eine Therapie sind alle berechtigt und werden sich oft vermischen. Wir haben dazu einige Fragen entwickelt, die Ihnen vielleicht helfen, zu entscheiden, ob eine Therapie für Sie eine gute Sache wäre:

- Reflektieren Sie gerne Ihr Leben? Sprechen Sie über Belastendes mit Freunden oder dem Partner? Fühlen Sie sich überhaupt sprechend wohl?
- Gibt es etwas Konkretes, wo Sie spüren, dass Sie allein damit nicht klarkommen? Brauchen Sie Hilfe?
- Können Sie sich vorstellen, sich auf eine Arbeitsbeziehung mit einem anderen Menschen einzulassen? Würden Sie dann auch etwas ausprobieren, das sich vielleicht unangenehm anfühlt zu Beginn?

Je mehr das alles auf Sie zutrifft, umso eher eignet sich eine Psychotherapie für Sie. Bedenken Sie aber auch die Alternativen: Manch einem hilft es etwa mehr, sich in der Kunsttherapie auszudrücken oder durch psychosoziale Begleitung im Alltag Fortschritte in der Alltagsgestaltung zu machen. Andere wiederum profitieren eher von lockeren Freundschaften und Freizeitangeboten, wie sie eine Kontakt- und Beratungsstelle bietet. Es gibt viele Möglichkeiten, etwas für sich zu tun, Psychotherapie ist nur eine davon.

Wenn Sie zu dem Schluss kommen, dass Sie gerne eine Therapie machen möchten, kommt die oft nicht einfache Therapeutensuche auf Sie zu. In Deutschland werden zurzeit einerseits tiefenpsychologische und analytische Verfahren und andererseits verhaltenstherapeutische Therapien von der Krankenkasse bezahlt. Wenn Sie an anderen Therapieverfahren Interesse haben, aber eine Therapie nicht selbst bezahlen können, sollten Sie nach einem Therapeuten mit zwei Ausbildungen suchen, der gewünschten und der von den Kassen bezahlten – das gibt es durchaus.

Tiefenpsychologische und analytische Verfahren gehen letztlich auf Freud zurück, haben seine Theorien aber sehr weiterentwickelt und auch die Methoden. Die berühmte Couch ist inzwischen ziemlich selten. Bei den sogenannten psychodynamischen Verfahren spielt die Reflexion, das Verstehenwollen von Gegenwart und Vergangenheit eine große Rolle.

Verhaltenstherapeutische Verfahren sind stärker gegenwarts- und lösungsorientiert. Es gibt spezifische Vorgehensweisen für bestimmte Erkrankungen. Oft wird gemeinsam daran gearbeitet, Gedanken, Verhalten und auch Gefühle neu zu bewerten und zu gestalten.

Ob eine Therapie Erfolg hat oder nicht, hängt vor allem von der Beziehung zum Therapeuten oder zur Therapeutin ab. Die konkreten Techniken, die diese anwenden, spielen laut Forschung nur eine untergeordnete Rolle. Am besten lassen Sie sich von jemandem, der sich auskennt und der Sie gut kennt, beraten, welche Therapeutin oder welcher Therapeut mit welchem Schwerpunkt Ihnen vielleicht helfen könnte. Das kann Ihr Psychiater oder eine andere professionelle Bezugsperson sein. Wenn Sie dann angerufen haben und ein Erstgespräch vereinbart haben, finden zuerst fünf probatorische Sitzungen statt, in denen Sie – und auch die Therapeutin oder der Therapeut – sich fragen müssen, ob Sie zusammenarbeiten wollen.

Die Therapie wird Sie nur dann weiterbringen, wenn Sie zu dem Therapeuten oder der Therapeutin einen guten Draht entwickeln, wenn eine vertrauensvolle Zusammenarbeit entsteht. Das ist nicht mit jedem Menschen möglich. Auch wenn es schwierig ist, einen Therapieplatz zu bekommen, sollten Sie weitersuchen, wenn Sie nach den probatorischen Sitzungen das Gefühl haben, dass es nicht passt.

Das, was hilft in einer Therapie, ist in erster Linie die Beziehung mit dem Therapeuten oder der Therapeutin. Es kommt also unbedingt auf die Person an und wie gut Sie in Beziehung kommen mit dieser Person. Wenn Sie merken, dass Sie durch den Kontakt innerlich nicht berührt werden, dass Sie sich im gleichen Saft drehen, sollten Sie versuchen, das anzusprechen, aber manchmal wird auch das keine Veränderung bewirken, es liegt eben doch viel daran, ob Sie beide gut miteinander arbeiten können.

Wenn Sie einen Therapeuten oder eine Therapeutin gefunden haben, wo es gut passt, sollten Sie im Verlauf der Sitzungen tatsächlich erzählen, was Ihre Sorgen und Schwierigkeiten sind. Auch wenn es sehr intime Dinge sind und Sie dann fürchten, »nackt« dazustehen. Psychotherapeuten sind mit geistiger Intimität sehr vertraut und können gut damit umgehen. Das heißt auch, Sie müssen den Therapeuten nicht schonen, wie sie vielleicht eine Freundin, einen Freund schonen würden, weil Sie fürchten, dass das, was Sie zu erzählen haben, zu belastend sein könnte. In einer Therapie sitzen Sie jemandem gegenüber, dem Sie von Beziehungsproblemen, Versagen, Scheitern, Überforderung, sexuellen Problemen oder was auch immer erzählen können. Sie müssen auch keine Angst haben, dass das Erzählte weitergetragen wird, denn Therapeuten unterliegen genauso wie Ärzte der Schweigepflicht.

Wenn Sie Vertrauen fassen, werden Sie Dinge erzählen, die Sie sonst verschweigen. Wenn Ihr Gegenüber hilfreich reagiert, werden Sie sich weiter öffnen. Wenn Ihr Gegenüber nicht hilfreich reagiert, dann sollten Sie überdenken, ob dies der richtige Therapeut, die richtige Therapeutin für Sie ist.

Wenn Sie bestimmte Themen nicht ansprechen wollen, ist das natürlich auch in Ordnung. Es kann zwar sein, dass Ihr Gegenüber schon ahnt, dass (und was) Sie verbergen, aber den Zeitpunkt der Offenlegung Ihrer Gefühle und Erfahrungen bestimmen Sie. Eine Psychotherapie kann unter Umständen sehr aufwühlend, ja verstörend sein, in manchen

Situationen eine Krise sogar begünstigen. Folgen Sie Ihrer inneren Stimme, was Sie preisgeben und besprechen möchten, und lassen Sie sich nicht drängen. Nutzen Sie aber auch Ihre Chance, wenn Sie sich verstanden fühlen und die Therapie insgesamt als hilfreich erleben.

Was Sie in der Therapie erhoffen können, ist, dass da, wo Sie schmerzhaft an Ihre Grenzen stoßen aufgrund Ihrer Biografie und Erkrankung, sich etwas weitet. In einer guten Therapie werden Sie neue Erfahrungen machen und dann auch Dinge in Ihrem Leben anders machen können. Wir wollen aber auch nicht verschweigen, dass die Arbeit an sich selbst eine schwierige ist. Sie braucht Zeit und hängt sowohl vom Geschick des Therapeuten als auch von Ihrem Engagement ab.

INES hat sich im Zusammenhang mit einer Psychose in eine Psychotherapie begeben. Über einige Jahre hinweg hat sie den Therapeuten jede Woche aufgesucht. Zu Beginn jedoch konnte sie nicht sprechen. Oft saßen sich die beiden stumm gegenüber oder haben Worte über Belangloses ausgetauscht. Erst nach längerer Zeit gelang es Ines, von sich zu erzählen. Als die gemeinsame Arbeit dann ernsthaft begann, wurde sie schnell sehr wichtig für Ines. Sie gewann eine größere Bewusstheit für ihr Leben und neue Handlungsoptionen.

Aber auch wenn die Chemie stimmt, bringt nicht jede Therapie den gewünschten Durchbruch. Manchmal geht es eher darum, wie Sie mit Ihren Erfahrungen seelischer Grenzzustände gut leben lernen, wie Sie sich trotz gescheiterter Lebenspläne oder vorhandener Einschränkungen akzeptieren und einrichten können. Vielleicht brauchen Sie dafür auch keine Art von Psychotherapie, wie sie in irgendeinem Lehrbuch zu finden ist, sondern eher begleitende und unterstützende Gespräche für Ihren schwierigen Alltag.

Wenn Ihnen krankheitsbedingte Symptome zu schaffen machen, suchen Sie wenn möglich einen Therapeuten, der Erfahrung mit den Störungen hat, die Sie beeinträchtigen. Bei Psychosen ist das leider schwierig, denn hier wurde traditionell von Psychotherapie abgeraten. Hier wurden lange nur Psychoedukation, Medikamente, Betreuung, vielleicht noch Entspannungsverfahren angeboten. In den letzten Jahren hat sich das geändert, zumindest in den Psychotherapie-Richtlinien – Therapeuten mit Erfahrungen in diesem Bereich sind jedoch nach wie vor selten. Fragen Sie bereits bei den Probesitzungen nach, ob der Therapeut oder die Therapeutin überhaupt Erfahrungen und Fachwissen zu Ihrer Diagnose hat! Fragen Sie ruhig auch nach, wie sein bzw. ihr Krankheitsverständnis ist.

Versuchen Sie gemeinsam, Ziele der Therapie zu erarbeiten. Was stellen Sie sich vor, soll sich ändern? Was erhoffen Sie sich? Welche Methoden werden zum Einsatz kommen, was bietet Ihre Therapeutin, Ihr Therapeut an? Es gibt oft die Möglichkeit, nahe Bezugspersonen, etwa Partner oder Familienmitglieder, mit denen der Kontakt hilfreich oder auch gerade konfliktbeladen sein kann, sporadisch oder dauerhaft in die Therapie mit einzubeziehen. Überlegen Sie sich, ob Sie das möchten und ob das für Sie sinnvoll ist.

Manche Psychose-Erfahrene haben das Bedürfnis, ausführlicher über ihre Psychose-Inhalte zu sprechen und diese zu »deuten« oder zu begreifen. Klären Sie frühzeitig, ob Ihre Therapeutin, Ihr Therapeut dazu bereit und in der Lage ist. Das Sprechen über Psychose-Inhalte und -Erfahrungen kann alternativ auch in sogenannten Psychoseseminaren zusammen mit anderen Betroffenen, Angehörigen oder Profis geschehen – oder in Selbsthilfegruppen.

Zum Schluss vielleicht noch dies: Die Zeit für eine Psychotherapie muss auch reif sein. Wenn Sie eine Therapie zum jetzigen Zeitpunkt nicht wollen, sondern sich lieber auf andere Weise um sich kümmern wollen, ist das völlig legitim. Damit eine Psychotherapie hilfreich sein kann, müssen Sie diese wirklich wollen und bereit sein, in dieser Arbeitsbeziehung auch etwas auszuprobieren. Das ist nicht in jeder lebensgeschichtlichen Situation möglich. Wenn Sie aber spüren, dass Sie eine intensive Auseinandersetzung mit sich selbst wollen, dann nur Mut!

WEITERLESEN

Verbraucherzentrale: Psychotherapie. Chancen erkennen und mitgestalten. 4., aktualisierte Auflage, Düsseldorf 2017 (über die Verbraucherzentralen zu bestellen: www.ratgeber-verbraucherzentrale.de).

■■ Unterstützung im Alltag durch die Sozialpsychiatrie

Sozialpsychiatrie oder Gemeindepsychiatrie nennt man den Teil der psychiatrischen Versorgung, der durch in der Regel gemeinnützige psychosoziale Träger Angebote für Psychiatrie-Erfahrene macht in den Bereichen Wohnen (Wohnheime, Therapeutische Wohngemeinschaften, Betreutes Einzelwohnen u. a.), Arbeiten (Zuverdienst, Integrationsfirmen u. a.), Freizeit und soziale Kontakte (Kontakt- und Beratungsstellen, Tagesstätten u. a.).

Eine psychosoziale Unterstützung oder Begleitung im Alltag wird im Bundesteilhabegesetz als Assistenzleistung bezeichnet, ist aber auch als Betreutes Wohnen bekannt. Dabei haben Sie den Hut auf: Eine Betreuung zu Hause bekommen sie nur, wenn Sie das auch wollen und annehmen. Die Betreuung in der eigenen Wohnung beruht auf einem Vertrag, den Sie freiwillig eingehen, und den Sie auch wieder kündigen können.

Diese Art von psychosozialer Unterstützung kennen viele Menschen nicht. Sie war lange an einen Platz im Wohnheim gebunden, doch diese Verbindung ist nicht mehr zwingend. Betreutes Wohnen kann genauso gut in der eigenen Wohnung oder in einer Wohngemeinschaft erfolgen. Sie haben eine Bezugsbetreuerin oder einen Bezugsbetreuer, eine Person, die Sie immer ansprechen können und die sich mindestens einmal in der Woche mit Ihnen trifft, um mit Ihnen zu sprechen.

Aufgabe der Bezugsperson ist es, Sie in allen Belangen des Alltags kompetent zu unterstützen. Je nach Ihren Themen wird es um Gesundheit, Wohnungspflege, Bewerbungen oder Arbeit, Kontakte und Beziehungen, Hobbys oder Tagesgestaltung gehen. Ein sehr wichtiger Arbeitsbereich ist auch die Hilfestellung im Umgang mit Behörden, mit Kostenträgern usw. Anders als ein gesetzlicher Betreuer kann der Wohnbetreuer da nur beratend und unterstützend tätig sein, nicht aber stellvertretend für Sie handeln.

Unterstützung zu Hause in der eigenen Wohnung leisten in der Regel Fachkräfte: Sozialarbeiterinnen, Heilerziehungspfleger, Krankenpflegekräfte und ähnlich ausgebildete Menschen kommen zu Ihnen nach Hause, um Sie in Ihrem Alltag zu begleiten und zu unterstützen. Je nach Region und den dort vorhandenen Angeboten kann der Rahmen ein anderer sein; es gibt mobile Unterstützung durch Träger der Gemeindepsychiatrie (Betreutes Wohnen oder Integrierte Versorgung u. a.) oder auch Kliniken (Hometreatment); auch ambulante psychiatrische Pflegedienste (psychiatrische Fachpflege) kommen in Betracht.

Der Besuch zu Hause ist noch in anderer Hinsicht wichtig: Für manche Psychiatrie-Erfahrene ist Einsamkeit ein großes Thema. Leider ist ja die Lebenssituation der Betroffenen heute öfter dadurch charakterisiert, dass sie allein in einer kleinen Wohnung wohnen, nur wenige Menschen kennen und keine Arbeit haben. In dieser Situation ist die Gefahr von Einsamkeit und Negativentwicklungen groß.

JUSTUS verlässt seit mehreren Monaten nicht mehr die Wohnung aufgrund von Ängsten. Die Wohnung ist in einem sehr schlechten hygienischen Zustand. Die Versorgung mit Lebensmitteln wird notdürftig durch die gesetzliche Betreuerin sichergestellt. Außer seiner Mutter, die sich aufgrund eigener gesundheitlicher Probleme nicht kümmern kann, gibt es keinen Menschen mehr in seinem Leben.

Die gesetzliche Betreuerin schlägt ihm eine Wohnbetreuung vor, und er stimmt probeweisen Besuchen einer Sozialarbeiterin zu. Es entsteht eine Zusammenarbeit, in deren Verlauf die Wohnung wieder wohnlich wird und kleine Einkäufe außerhalb für Justus wieder möglich werden. Über kleine Fortschritte wie gemeinsame Spaziergänge und Cafébesuche gewinnt Justus ein wenig Lebensqualität zurück.

Hilfreich ist oft zum einen der Kontakt mit der Bezugsperson, zum anderen sind es aber auch Impulse zum Aufbau von anderen sozialen Kontakten und Aktivitäten. Auch die kleinen Reisen und Tagesausflüge, kostenlose Gruppenangebote für Sport oder Kunst oder andere interessante Sachen können eine Bereicherung sein.

In manchen Fällen hilft eine Wohnbetreuung Betroffenen, sich Schritt für Schritt weiterzuentwickeln und zu stabilisieren. In anderen Fällen dagegen dient eine Assistenz eher dazu, das Schlimmste zu verhindern, etwa Wohnungsverlust und Obdachlosigkeit. Viele Psychiatrie-Erfahrene fühlen sich nach einer Eingewöhnungsphase bereichert durch die Begleitung und die Gespräche, sie blühen auf durch ein verständnisvolles Gegenüber. In der Regel ist eine Wohnbetreuung nicht für immer, sondern endet nach einigen Jahren wieder.

Es ist aber auch verständlich, dass viele Psychiatrie-Erfahrene keine Profis bei sich zu Hause sehen wollen. Manche kommen tatsächlich auch am besten klar, wenn sie auf sich gestellt und für sich verantwortlich sind. Wir alle aber brauchen ein Gegenüber, jemanden, an den wir uns mit Sorgen, aber auch Freude wenden können. Wir alle brauchen Unterstützung durch andere Menschen, durch das Miteinander, durch Gespräche, aber auch praktische Unterstützung. Es ist völlig legitim, wenn Sie das nicht in einer Wohnbetreuung suchen wollen. Aber danach suchen sollten Sie unbedingt!

In der Sozialpsychiatrie verbringen heute einige Menschen quasi ihr ganzes Leben: Sie haben eine Wohnbetreuung, sie arbeiten im Zuverdienst oder in einer Werkstatt für behinderte Menschen, sie verbringen ihre Freizeit in einer KBS, ihr soziales Netz besteht fast ausschließlich aus Kontakten innerhalb der Sozialpsychiatrie … Es gibt hier viel Kritik von verschiedenen Seiten, dass die Gemeindespsychiatrie eine Psychiatriegemeinde, ein ambulantes Getto geworden ist. Nun kennen wir einige Menschen, für die diese Anbindung an die Sozialpsychiatrie eine bessere Lebensqualität und Fortschritte bedeutet hat. Auch sollte man nicht selbst stigmatisierend unterwegs sein und Kontakte mit anderen Betroffenen pauschal als weniger wert einschätzen als Kontakte mit »normalen« Bürgern. Schon so mancher Psychiatrie-Erfahrene konnte seinem Leben mithilfe der Sozialpsychiatrie eine glücklichere und weniger einsame Wendung geben.

Zugleich ist die Sozialpsychiatrie aber nicht für jeden die Antwort auf Lebensfragen. Anstelle des Zuverdienstes oder einer Werkstatt für behinderte Menschen kann auch ein Ehrenamt in »wackligen Zeiten« hilfreich sein. Anstelle von Gruppen in einer Kontakt- und Beratungsstelle kann man sich auch an die Kirchengemeinde oder einen Sportverein, ein Nachbarschaftszentrum wenden. Und Freunde kann man durch vielfältige regelmäßige Aktivitäten finden. Für manche ist auch ein anderer Weg möglich, ob das dann besser oder schlechter ist, muss jeder selbst beurteilen. Man sollte aber nicht sich selbst und andere Betroffene stigmatisieren, indem man von vornherein alles, was (Sozial-) Psychiatrie heißt, abwertet und ablehnt, sich von den Menschen, die diese Angebote nutzen, abgrenzt. Sich da auf Angebote und Menschen einzulassen, kann ein Schritt nach vorn sein.

Wenn Sie eher fit sind und auch eine reale Perspektive auf dem ersten Arbeitsmarkt haben, wenn Sie ein gewisses soziales Netz haben und eine eigene Wohnung, wenn Sie die Probleme, die entstehen, selbst lösen und dabei auf Unterstützung anderer zurückgreifen können: Dann ist die Sozialpsychiatrie nicht ganz das Richtige für Sie. Wenn Sie aber schon seit Jahren in einer schwierigen gesundheitlichen Situation leben und immer wieder im Krankenhaus waren, wenn Sie keine berufliche Perspektive sehen und Ihr soziales Netz nicht groß und wenig zuverlässig ist, wenn Sie nicht so recht wissen, wo Ihre Interessen und Chancen liegen und was Sie gerne machen wollen und können: Dann könnte die Sozialpsychiatrie, vielleicht nur für eine Zeit, eine gute Möglichkeit sein, wieder Boden unter den Füßen zu bekommen.

▬ ▬ Gesetzliche Betreuung: Unterstützung oder Bevormundung?

Woran denken Sie, wenn Sie den Begriff »Betreuung« hören? Denken Sie: »Oh, das ist toll, da kümmert sich jemand«? Oder verbinden Sie damit eher negative Assoziationen? Viele Menschen haben die Befürchtung, damit ihre Autonomie, ihre Identität als »normaler Bürger« zu verlieren. In der älteren Generation wird mit dem Wort »Betreuung« oft noch die Vorstellung einer Entmündigung verbunden. Und doch gibt es nicht wenige Betroffene, die nach einer Anfangszeit für sich zu dem Schluss kommen, dass sie mit dieser Form der Unterstützung besser dran sind als ohne. Es gibt sogar Betroffene, die von sich aus eine Betreuung beantragen und die sich dadurch kompetent unterstützt fühlen.

Aber der Reihe nach: Was verbirgt sich überhaupt hinter dem Begriff »Betreuung«? Da muss ganz klar unterschieden werden zwischen einer gesetzlichen Betreuung und einer Wohnbetreuung, manchmal auch ambulante Hilfe oder psychosoziale Betreuung genannt. Das sind zwei sehr unterschiedliche Konstruktionen, sowohl rechtlich als auch praktisch, die sich ganz unterschiedlich im Alltag auswirken. Eine gesetzliche Betreuung wird vom Amtsgericht festgelegt, manchmal auf Wunsch und mit Einverständnis des Betroffenen, manchmal aber auch gegen seinen Willen. Insbesondere auf die gesetzliche Betreuung konzentrieren sich viele Vorbehalte von Betroffenen, sie fühlen sich dadurch in ihrer Autonomie eingeschränkt.

Eine gesetzliche Betreuung soll die Rechtsgeschäfte des Betroffenen in den Bereichen besorgen, in denen er das nicht selbst kann. Solche Bereiche sind oft Wohnungs- und Postangelegenheiten, Behördenangelegenheiten, Finanzen, aber auch Gesundheit und Aufenthaltsbestimmungsrecht. Eine rechtliche Betreuung wird immer nur für bestimmte Aufgabenbereiche eingesetzt. In diesen Bereichen kann der Betreuer Entscheidungen für den Betroffenen treffen, in allen anderen entscheidet der Betroffene selbst.

Laut Gesetz soll der rechtliche Betreuer dem Wohl des Betroffenen dienen, er soll seine Wünsche und Lebensvorstellungen möglichst umfassend berücksichtigen. Gleichzeitig hat der gesetzliche Betreuer recht umfassende Verfügungsmöglichkeiten: Er kann im Aufgabenkreis Finanzen beispielsweise das Geld einteilen, er bekommt die Kontoauszüge, er kann auch den Zugang zum Konto versperren. Beim Aufgabenkreis Gesundheit kann der Betreuer eine Zwangsunterbringung im Krankenhaus beantragen, wenn dies für das Wohl des Betroffenen zwingend notwendig ist, er kann Auskünfte von allen Ärzten fordern. Gehören die Wohnungsangelegenheit zu seinem Aufgabenkreis, übernimmt er nicht nur den Kontakt zum Vermieter, er kann sogar mit Einverständnis des Gerichts die Wohnung kündigen und einen Einzug in ein Heim erzwingen.

Nach wie vor sind mit der rechtlichen Betreuung sehr umfassende Entscheidungsbefugnisse und Zuständigkeiten verbunden. In der Praxis hängt aber vieles an der Person des Betreuers oder der Betreuerin und ihrer Bereitschaft, die Wünsche des Betroffenen zu erkunden und zu berücksichtigen und nur einzugreifen, wenn es wirklich notwendig ist.

Manche Betroffene sind andererseits überfordert mit dem Bürokram. Wenn man von staatlicher Unterstützung lebt, Behandlung oder Reha braucht, müssen Anträge und Briefe geschrieben werden. Viele Betroffene wissen gar nicht, was ihnen zusteht und wie sie das beantragen können, von Hilfsmitteln oder Zahnersatz bis hin zu EU-Renten oder Wohngeld. Einzelne Betroffene stehen ohne gesetzliche Betreuung schlechter da. Sie erhalten nicht, was ihnen zusteht, sie geraten vielleicht sogar in existenzielle Not, wenn etwa eine Antragsfrist beim Jobcenter oder Grundsicherungsamt versäumt wurde. Wir kennen Betroffene, bei denen Mietschulden entstanden und die Wohnung verloren ging, weil sie keine Unterstützung beim Regeln ihrer Angelegenheiten hatten. Und diese Angelegenheiten sind eben im Sozialstaat komplex und entsprechend schwierig zu regeln. Hier kann eine gesetzliche Betreuung eine große Erleichterung sein.

KARA hat gegen ihren Willen eine gesetzliche Betreuung erhalten. Zu Beginn ist sie sehr unglücklich und fühlt sich gedemütigt. Nach einer gewissen Zeit entwickelt sie den Gedanken, dass der gesetzliche Betreuer eine Art Manager ist oder vielleicht auch eine Art Sekretär, der für sie Arbeiten erledigt, mit denen sie bisher leider nicht so gut klarkam. Mittlerweile gelingt es ihr immer besser, ihre Wünsche und Vorstellungen mitzuteilen. Ihr Leben steht heute auf sicheren Füßen. Es ist nun realistisch, dass das Amtsgericht die gesetzliche Betreuung wieder aufhebt.

Auch das Einteilen des Geldes ist für einige Betroffene schwierig, zumal es ja leider zumeist nur wenig Geld ist. Einige erleben es als eine Erleichterung, einmal die Woche einen bestimmten Betrag abholen zu können. Für andere wird so undurchschaubar, wie viel Geld sie eigentlich im Monat haben und was vielleicht auch für größere Ausgaben angespart werden könnte, zum Beispiel ein Fitnessgerät.

Wenn Sie ohne gesetzliche Betreuung leben wollen und können, ist es wichtig, etwas Unterstützung zu haben beim Umgang mit Behörden und anderen Institutionen. Sie sollten sich zumindest beraten lassen, was Sie etwa dem Jobcenter oder dem Grundsicherungsamt schreiben. Vielleicht weiß ein Bekannter Bescheid oder eine Freundin aus der Selbsthilfe. Vielleicht gibt es auch eine unabhängige Beratungsstelle in Ihrer Nähe. Sie sollten sich in jedem Fall informieren, was Ihnen zusteht, welche Leistungen Sie bekommen können.

Hier lohnt sich die Mitgliedschaft im VdK, einem großen Sozialverband. Dieser bietet seinen Mitgliedern in sozialrechtlichen Fragen Beratung, Unterstützung und auch Rechtsschutz (nur für Sozialrecht). Die Mitgliedschaft in einem der Landesverbände kostet unter 10 Euro im Monat. Parallel ist ein soziales Netz wichtig, wo Sie über Sorgen oder komische Briefe, die Sie bekommen haben, reden können.

Wenn Sie keine gesetzliche Betreuung wollen, ist unsere Empfehlung, dass Sie Ihre eigenen Angelegenheiten gut und verantwortlich regeln, sodass niemand sagen kann, eine gesetzliche Betreuung sei notwendig. Leider verlangt das ein gewisses »Wohlverhalten«, eine gewisse Kooperation mit anderen. Das gilt zumindest, wenn Sie manchmal im Krankenhaus sind und somit das Behandlungsteam vor die Frage stellen, ob Sie eine Betreuung bräuchten, um stabiler zu werden.

Eine gute Maßnahme, um eine gesetzliche Betreuung zu vermeiden, ist die Erteilung einer Vorsorgevollmacht (siehe das Kapitel über Krisenvorsorge). Aber auch hier ist natürlich wichtig, wer sie ausübt und wie.

Vielleicht überlegen Sie auch, wie Sie die betreffende Person für Ihre Mühe entschädigen können. Wenn Sie kein nennenswertes Einkommen oder Vermögen haben, wird die gesetzliche Betreuung staatlich finanziert. Wenn Sie, etwa durch eine Erbschaft, Vermögen haben, müssen Sie die gesetzliche Betreuung selbst bezahlen. Leider auch dann, wenn sie gegen Ihren Willen eingerichtet wurde.

Wenn Sie bereits eine gesetzliche Betreuung haben und diese loswerden wollen, empfehlen wir Ihnen, das selbstständige Regeln Ihrer Angelegenheiten zu üben. Bitten Sie Ihre Betreuerin, Ihren Betreuer beispielsweise, Ihnen jeden Monat einen Kontoauszug zu geben sowie eine Bankkarte. Auch ein Einblick in den Briefverkehr mit den Behörden ist hilfreich.

Um die gesetzliche Betreuung aufzuheben, muss das Amtsgericht – in aller Regel mit Zustimmung des Betreuenden – zu dem Schluss gelangen, dass der Grund für die Betreuung entfallen ist, dass Sie sich selbst um Ihre Angelegenheiten kümmern können. Wenn Sie Ihr Konto selbst verwalten können, wenn Sie selbst Briefe und Anträge schreiben und sich um Ihre Gesundheit kümmern, wird das Amtsgericht in den meisten Fällen die Betreuung aufheben.

Wenn Sie nicht die Betreuung an sich stört, sondern Sie eher mit der Person unzufrieden sind, die Ihre Angelegenheiten für Sie regelt, lohnt es sich auch, beim Gericht einen Betreuerwechsel zu beantragen. Damit das Gericht dem stattgibt, müssen Sie natürlich gute Gründe vorweisen. Vielleicht haben Sie auch einen Vorschlag, wer stattdessen die Betreuung übernehmen kann.

Wenn Sie keine gesetzliche Betreuung (mehr) haben, sollten Sie sich fragen, ob Sie alle Angelegenheiten zuverlässig selbst regeln können, wie etwa die Mietzahlung oder die Anträge zur Grundsicherung. Seien Sie ehrlich mit sich. Wir kennen wirklich auch Schicksale, die sich sehr traurig entwickelt haben, weil niemand die Betroffenen in diesen existenziellen Angelegenheiten unterstützt hat.

■■ Umgang mit Helfern

Wahrscheinlich haben Sie alle schon Erfahrungen mit professionellen Helfern gemacht, mal mehr, mal weniger freiwillig. Diese Erfahrungen werden sehr verschieden sein: Manche haben die Begegnungen als gut bis sehr gut empfunden, andere haben daran schlechte Erinnerungen, und viele haben wahrscheinlich eher »gemischte« Erfahrungen, sowohl Gutes als auch weniger Gutes erlebt. Was aber können Sie selbst tun, damit diese Beziehungen zufriedenstellend für Sie sind bzw. was können Sie tun, wenn Sie nicht zufrieden sind?

Zunächst gilt es zu unterscheiden, ob Sie die Möglichkeit haben, frei zu wählen, an wen Sie sich wenden. Den niedergelassenen Facharzt, die Psychotherapeutin können Sie sich in der Regel aussuchen, wenn es mehrere in Ihrer Region gibt. Davon sollten Sie dann auch Gebrauch machen. Sie müssen also nicht bei einem Arzt oder einer Ärztin bleiben, wenn Sie nicht zufrieden sind. In der Psychotherapie gibt es zu Beginn extra fünf sogenannte »probatorische Sitzungen«, also Probesitzungen, damit beide Seiten feststellen können, ob Sie gut harmonieren. In einer Klinik hingegen können Sie sich die Menschen, die Sie behandeln, in der Regel nicht aussuchen. Auch auf die Auswahl des Personals, das Ihnen über eine Eingliederungshilfemaßnahme zugewiesen wird, haben Sie wenig Einfluss. Sie können zwar um einen anderen Mitarbeiter bitten oder, sofern vorhanden, den Anbieter wechseln, aber »freie Auswahl« ist selten gegeben.

Wenn Sie die Helfer nicht selbst wählen konnten und unzufrieden sind, können Sie entweder versuchen, diese Art von »Hilfe« – die ja dann keine ist – zu beenden, oder zu versuchen, sich mit der Situation wenigstens vorübergehend zu arrangieren, so schwer Ihnen das auch fallen mag.

Ferner ist es sinnvoll, darauf zu schauen, welcher Berufsgruppe der Helfer oder die Helferin angehört, um welche Aufgaben es geht, in welchem Rahmen diese erledigt werden und was Sie realistischerweise erwarten können. Beispiel niedergelassener Arzt: Dieser wird oft nicht so viel Zeit für den einzelnen Patienten haben, wie das eigentlich richtig und wünschenswert wäre. Eine Studie der Krankenkassen brachte ans Licht, dass Patienten durchschnittlich sieben Minuten bei dem Arzt im Sprechzimmer sind. Wenn Sie jemanden gefunden haben, bei dem es anders ist – schätzen Sie sich glücklich! In einer Psychotherapie oder in der Eingliederungshilfe, bei anderen Einrichtungen sieht das Zeitbudget glücklicherweise oft besser aus. Klinikmitarbeiter hingegen sind oft überlastet mit Aufgaben wie Dokumentation und Organisation, die für uns nicht wirklich ersichtlich sind. Das mag uns falsch vorkommen, aber es ist wichtig, das zumindest zu wissen.

Auch die Spezialisierung auf bestimmte Aufgaben kann eine Rolle spielen: Mit Ihrem Arzt einen Ehekonflikt oder eine schwierige Situation am Arbeitsplatz ausführlich zu besprechen, ist vielleicht nicht so erfolgreich (Ausnahmen bestätigen eine etwaige Regel), umgekehrt wird ein Sozialarbeiter Sie im Umgang mit Ihren Medikamenten wohl eher nur vage beraten können. Es ist also hilfreich, wenn Sie überlegen, welche Erwartungen Sie realistischerweise haben können. Wenn Ihnen unklar ist, was Sie erwarten können, fragen Sie ruhig nach!

Für eine gelingende Beziehung ist es ferner notwendig, dass Sie Vertrauen zu dem Menschen haben, der Sie begleitet und unterstützt. Zu Beginn des Kontaktes kann das ja noch kein erarbeitetes, auf Erfahrungen gegründetes Vertrauen sein, sondern Sie werden einen Vertrauensvorschuss geben müssen. Das fällt Ihnen womöglich nicht leicht. Zum einen gibt man ja einem fremden Menschen nicht gerne und nicht ohne Weiteres Einblick in seine psychischen oder sonstigen privaten Probleme. Zum anderen haben Sie vielleicht vorher mit anderen Helferbeziehungen schon schlechte Erfahrungen gemacht. Es ist gut, auf diese Erfahrungen zu hören und erst mal vorsichtig zu sein.

Aber werden Sie nicht zum »Sklaven« Ihrer Erfahrung. Wenn Sie bereits ein- oder zweimal schlechte Erfahrungen mit Helfern, einer Einrichtung oder einer bestimmten Berufsgruppe gemacht haben – gehen Sie nicht von vornherein davon aus, dass sich das »immer« so fortsetzen wird. Auch wenn Sie dann verständlicherweise vorsichtig sind, bleiben Sie offen für die Möglichkeit, dass eine neue, andere Beziehung sich auch ganz anders gestalten kann.

Manchmal kommt es sogar vor, dass bestehende eher unerfreuliche Beziehungen sich zum Positiven entwickeln. Wenn Sie allerdings sehr häufig und immer wieder dieselben schlechten Erfahrungen machen, in unterschiedlichen Zusammenhängen und mit unterschiedlichen Menschen, sollten Sie darüber nachdenken, ob diese Art von Hilfe, die Sie suchen, wirklich die richtige für Sie ist oder ob Sie lieber einen anderen Weg gehen sollten und können. Manchmal ist es auch lohnend, zu schauen – vielleicht zusammen mit Freunden –, ob Sie zu diesen wiederholten unerfreulichen Situationen unbewusst selbst etwas beigetragen haben könnten.

Seien Sie also vorsichtig, aber nicht misstrauisch zu Beginn, wenn Sie auf eine neue Person treffen. Andererseits: Auch Sie dürfen Vertrauen, ja einen Vertrauensvorschuss von Ihrem Helfer, Ihrer Helferin erwarten. Wenn Ihnen jemand äußerst misstrauisch begegnet, Ihnen von vornherein nichts glaubt, alles hinterfragt, was Sie tun oder erzählen – dabei können Sie sich natürlich nicht wohlfühlen. Manchen Helfern fällt es sehr schwer, psychiatrieerfahrene Menschen als vertrauenswürdig wahrzunehmen, ihnen etwas zuzutrauen, ihnen zu glauben. Wenn jemand sagt, er höre Stimmen, ist das immer sofort glaubwürdig und findet sich noch Jahre später in allen möglichen Akten. Wenn jemand dagegen sagt, er halte die Wohnung sauber und ordentlich, ist das nicht so ohne Weiteres glaubwürdig in den Ohren vieler Helfer. Es gibt eben auch eine Stigmatisierung durch bestimmte Bilder in den Köpfen von Helfern. Es kann also sein, dass das Vertrauen eines Helfers mühsam erarbeitet werden muss. Dabei helfen – wie immer, wenn es um Vertrauen geht – eigene Offenheit und Verlässlichkeit.

Offen zu sein, fällt manchen Betroffenen sehr schwer, nicht zuletzt, wenn sie schlechte Erfahrungen gemacht haben. Da wird dann vieles verschwiegen, man will gar nicht von sich erzählen oder erzählt unwahre Dinge, weil die besser klingen oder man glaubt, das Gegenüber wolle sie hören. Oft steckt dahinter ein ganz geringes Selbstwertgefühl, kein Zutrauen in sich selbst, viel Scham. Nun sollte man tatsächlich nicht jedem alles erzählen. Aber es ist wichtig, jemanden zu finden, dem man von seinen Sorgen und seiner Innenwelt erzählen kann, von den gegenwärtigen Schwierigkeiten, aber auch von den Vorstellungen, was sich ändern soll im eigenen Leben. Wenn Sie gegenwärtig nur mit Helfern zu tun haben, denen Sie nichts erzählen wollen, schauen Sie, ob es nicht doch jemanden gibt, dem Sie sich anvertrauen mögen, denn bei psychischen und sozialen Problemen gibt es wenig effektive Hilfe ohne Offenheit. Wenn Sie unzufrieden mit Ihrem Leben sind, sich vielleicht Arbeit oder Familie wünschen, werden Sie diese Ziele womöglich nur mit Unterstützung erreichen können und das setzt voraus, dass Sie mit anderen über Ihre Lebensvorstellungen sprechen.

Erwarten Sie aber nicht, dass professionelle Unterstützung alle Ihre Lebensprobleme löst. Oft gibt es völlig unrealistische und überfordernde Hilfevorstellungen. Auch beim besten Willen wird Ihnen Ihr Bezugsbetreuer nicht einfach so eine Arbeit auf dem ersten Arbeitsmarkt verschaffen können, und kein Arzt wird Ihren Freundeskreis um wunderbare Menschen erweitern. Es gibt keine solchen Veränderungen auf Knopfdruck, sondern sie sind das Resultat von Entwicklungen, bei denen Helfer Sie begleiten können, die aber auch viel mit Ihnen und Ihren Entscheidungen und Haltungen zu tun haben.

LOUIS lebt seit einiger Zeit in einer eigenen Wohnung, er erhält ambulante Unterstützung im Alltag. Gerne würde er wieder in seinem alten Beruf arbeiten, den er vor vielen Jahren ausgeübt hat. Außerdem ist der fehlende Kontakt mit seinen Kindern ein Trauma in seinem Leben. Er hat Gewalt und Missbrauch in der Familie erlebt. Gegenüber der Bezugsperson fordert er, dass diese ihm eine Arbeitsstelle beschafft und die Kinder zu ihm zurückbringt. Beides kann die Bezugsperson nicht erfüllen, daran zerbricht erst mal die professionelle Beziehung.

Später kann Louis einen Neuanfang machen in einer Einrichtung mit Therapieangebot und Möglichkeiten der beruflichen Orientierung. Die ganz großen Probleme in seinem Leben lassen sich auch da nicht magisch lösen, aber es geht vorwärts.

Manchmal entsteht mit einem Helfer eine gute therapeutische Beziehung. Darin können Sie etwas lernen auch für Ihre anderen Beziehungen. Wer sich einem Menschen anvertraut, wird oft auch mit anderen besser in Kontakt kommen. Wer in einer Beziehung erfährt, wie es sich anfühlt, wenn ein anderer Mensch sich einem empathisch zuwendet, wird davon auch im Kontakt mit anderen Menschen profitieren. Hilfe heißt nicht nur Medikamente oder Begleitung bei Terminen, sondern auch die Möglichkeit, in Gesprächen andere Erfahrungen als bisher zu machen und daran zu wachsen. Das sind die eigentlich geglückten Beziehungen mit einem Helfer, das ist das, wonach Sie suchen sollten. Denn das befähigt Sie dann, auch Ihre Freundschaften oder beruflichen Kontakte besser zu gestalten, erfolgreicher zu sein in sozialen Situationen, mehr zu erreichen im Leben.

Noch etwas zum Beginn der Beziehung: Wenn Sie nach der ersten Begegnung, dem ersten Gespräch nicht gleich ein ganz gutes Gefühl haben – geben Sie Ihrem Gegenüber nach Möglichkeit noch eine zweite oder sogar noch eine dritte Chance. Es heißt zwar in populärpsychologischen Beiträgen immer, der erste Eindruck sei entscheidend, aber er kann auch voreilig sein.

SIBYLLE Ich erinnere mich an einen Therapeuten, der mir mal von einer Institutsambulanz zugewiesen wurde. Beim ersten Treffen erschien er mir ganz befremdlich. Er wirkte auf mich distanziert und von einer gewissen Härte. So jemanden hatte ich nicht nur nicht in meinem

Bekanntenkreis, ich hätte mir so einen Typ Mensch auch nicht für eine Bekanntschaft ausgesucht. Ich lief trotzdem nicht gleich davon, sondern ging wieder hin. Schließlich entwickelte sich daraus eine mehrjährige, sehr erfreuliche und fruchtbare therapeutische Beziehung. Er hat mich an meine eigenen Fähigkeiten erinnert, die damals noch verschüttet waren, und an die ich selbst nicht glauben konnte.

Das Gegenteil kann natürlich auch passieren. Wenn Ihre professionelle Hilfe gleich zu Beginn etwas tut oder sagt, was Sie fachlich oder persönlich ganz unmöglich finden, müssen Sie das natürlich nicht hinnehmen. Vielleicht aber gehen Sie trotzdem noch zum nächsten Termin und sprechen das Problem an. Entweder lässt es sich klären oder aber der Helfer erweist sich nach Ihrem Empfinden wirklich als ein unmöglicher Kerl oder eine unmögliche Frau. Dann verzichten Sie lieber auf den Kontakt.

Damit sind wir bei einem Punkt, der für viele Psychiatrie-Erfahrene nicht einfach ist: Was tun Sie, wenn Ihnen etwas missfällt, Sie Anlass zu Kritik haben?

In so einer Situation verhalten sich Menschen ja sehr unterschiedlich: Die einen sind so extrem schüchtern, so höflich oder fürchten sich so sehr vor einem Konflikt, dass sie das, was schiefläuft, nicht anzusprechen wagen und lieber alles »runterschlucken«. Bis es dann irgendwann nicht mehr geht. Andere sind genau das Gegenteil: Sie lassen ihrem Ärger, ihrer Wut, ihrer Enttäuschung bei jedweder Gelegenheit ziemlich ungehemmt und unkontrolliert freien Lauf, ohne zu überlegen, was die Konsequenzen davon sein könnten oder wie das beim Gegenüber »ankommt«.

Für die Schüchternen: Trauen Sie sich! Sie müssen nicht alles hinnehmen, verstehen, von vornherein entschuldigen. Professionelle Helfer machen auch Fehler, egal, wie viele Diplome und Titel sie haben. Manchmal ist der Anlass Ihres Ärgers oder Ihrer Kritik vielleicht klein, es kann aber auch eine größere Sache sein. Darauf kommt es nicht an. Es geht darum, dass Sie sich geärgert haben, dass Sie das ansprechen können und sollten, schon für Ihre Selbstachtung!

Wenn Sie das Gefühl haben, die Gesprächssituation im Konfliktfall vielleicht nicht mehr allein bewältigen zu können, können Sie eine Vertrauensperson mitnehmen. Wenn die Situation schon sehr verfahren ist, kann auch ein neutraler Dritter hinzugezogen werden, der das Gespräch moderiert. Damit sollte Ihr Gegenüber dann aber einverstanden sein, Sie müssen das vorher vereinbaren. Je nachdem, um welche Berufsgruppe es sich handelt, können Sie sich auch an den nächst Ranghöheren wenden oder an die Stelle, die die Aufsicht hat. Wenn es das in Ihrer Region gibt, können Sie sich auch an eine unabhängige Beschwerdestelle für Psychiatrie wenden, die eine Vermittlung in Ihrem Sinne versuchen wird. Oder Sie suchen sich bei einem Betroffenenverband, einer Selbsthilfegruppe Unterstützung.

Für die Selbstbewussten: Sie kennen wahrscheinlich schon alle Mittel und Wege, um Beschwerden wirksam anzubringen. Aber vergessen Sie nicht: Es ist auch wichtig, auf welche Art und Weise Sie Ihre Kritik vorbringen. Sie muss klar, verständlich und konkret sein. Also nicht einfach nur: »Sie sind immer so herablassend zu mir«, sondern sagen Sie, wo und wann genau Sie die Herablassung gespürt haben. Und dann denken Sie vielleicht auch daran, dass auch professionelle Helfer – wie alle Menschen – sich als Person und in ihrer Arbeit gewürdigt und wertgeschätzt fühlen möchten. Versuchen Sie also, Ihre Kritik so anzubringen, dass Ihr Gegenüber nicht »das Gesicht verliert«. Wenn Sie einfach nur drauflosschimpfen, gehässige Bemerkungen, Beleidigungen oder gar Drohungen äußern, wird Ihr Gegenüber nur noch auf diesen aggressiven Ton, das Angegriffenwerden reagieren und nicht mehr darauf hören, was Sie inhaltlich zu sagen haben. Aggression dient somit nur selten dem eigentlichen Ziel. Das heißt nicht, dass Sie Ihre Gefühle von Wut oder Ärger verbergen müssen – Sie können, ja sollten sie ruhig zum Ausdruck bringen –, nur auf das Wie kommt es an.

Diese Erfahrung haben Sie bestimmt schon selbst gemacht. Wenn umgekehrt eine Helferin, ein Helfer Kritik an Ihnen äußert – vorausgesetzt, sie wird höflich und angemessen vorgebracht –, wie reagieren Sie dann? Sind Sie so geknickt, enttäuscht, verärgert, wütend, dass Sie sofort die Beziehung beenden? Oder wagen Sie es überhaupt nicht, zu widersprechen? Oder haben Sie das Gefühl, dass Sie als erwachsener Mensch ernst genommen werden, dass der Helfer nicht meint, er müsse Sie immer in »therapeutische Watte« packen, sondern könne Ihnen etwas zumuten? Vielleicht mögen Sie es sogar, wenn jemand »Klartext« redet? Auch da sind die Menschen sehr verschieden. Es lohnt sich, darüber nachzudenken, wie Sie selbst auf Kritik reagieren.

Schließlich kann es auch bei formal und inhaltlich angemessener Kritik die Situation geben, wo Gespräche nicht mehr ausreichen und Sie einen Rechtsanwalt hinzuziehen oder ein gerichtliches Verfahren anstrengen wollen oder müssen. Wir können hier natürlich nicht alle Lebenslagen vorhersehen und beschreiben, in die Sie geraten können. Deshalb nur ein paar allgemeine Hinweise. Manche Menschen antworten auf den Vorschlag, vor Gericht zu ziehen: »Das bringt ja doch nichts! In unserem Land gibt es keine Gerechtigkeit!« Tatsächlich kann es passieren, dass das Gericht nicht in Ihrem Sinne entscheidet. Deshalb sollten Sie sich vorher gut beraten lassen, ob eine Klage möglich ist und Aussicht auf Erfolg hat. Die Rechtsprechung funktioniert oft anders als unser intuitives Gerechtigkeitsempfinden, und wenn Sie selbst kein ausgewiesener Rechtsexperte sind, können Sie das normalerweise nicht einschätzen.

Ferner muss Ihr Anliegen überhaupt juristisch erfassbar sein. Es gibt Ungerechtigkeiten, die einem vom Leben oder von anderen Menschen zugefügt werden, die nicht von einem Gericht verhandelt werden können. Für die Sie auch keinen Ausgleich bekommen, so bitter das ist. Aber: Geben Sie nicht von vornherein auf! Immer wieder gewinnen auch Psychiatrie-Erfahrene (wichtige) Verfahren. Einzelne Psychiatrie-Erfahrene haben, manchmal in höchster Instanz, Urteile erstritten, die wegweisend für die gesamte Psychiatrie waren, also für viele andere Betroffene. In den letzten Jahren geschah dies beispielsweise mehrfach bei Zwangseinweisungen und Zwangsbehandlungen. Wenn Sie also einen guten Grund haben, vor Gericht zu gehen, und Ihr Anwalt Ihnen zurät, dann überlegen Sie ernsthaft, diesen Weg zu gehen. Manchmal kommt man auch gar nicht drum herum, den Rechtsweg zu beschreiten, etwa wenn soziale Leistungen zurückgehalten oder beschnitten werden.

Ein paar Dinge müssen Sie allerdings überlegen: Es entstehen meistens Prozess- und Anwaltskosten, die bezahlt werden müssen. Für Menschen, die diese nicht aufbringen können, gibt es unter bestimmten Bedingungen Rechtsberatungs- und Prozesskostenbeihilfe. Am besten klären Sie gleich beim ersten Kontakt mit dem Anwaltsbüro (oder sogar davor) ab, ob Sie dafür infrage kommen oder ob es andere Möglichkeiten der Finanzierung gibt. Außerdem brauchen Sie einen langen Atem – manche Verfahren ziehen sich über Jahre hin – und eine gewisse Nervenstärke. So ein Gerichtsprozess ist nicht unbedingt eine angenehme Sache. Suchen Sie sich also Unterstützung, um mit diesen Widrigkeiten besser fertigzuwerden: bei Ihrem Anwalt, in Ihrem sozialen Umfeld, bei Betroffenenverbänden oder auch bei anderen professionellen Helfern, denen Sie vertrauen.

Andere Menschen

Was tun gegen die Einsamkeit

Viele Psychiatrie-Erfahrene sind einsam, fast alle kennen zumindest Phasen der Einsamkeit. Einsamkeit ist eine große Belastung und kann regelrecht krank machen. Wer dagegen gute Freunde und harmonische Kontakte mit der Familie hat, wer mit einer Fülle von verschiedenen Menschen zurechtkommt, dem wird es auch gesundheitlich besser gehen.

Viele von uns verlieren wichtige Kontakte schon mit der Ersterkrankung. Die Lebensumstände vieler psychiatrieerfahrener Menschen, vor allem Arbeitslosigkeit und Armut, erschweren es, sich mal eben im Café oder Kino zu treffen.

Dennoch müssen psychiatrieerfahrene Menschen nicht einsam sein. Es gibt viele, die ihre phasenweise Einsamkeit überwinden, auch wenn das sicherlich nicht leicht ist. Wenn Sie unter Einsamkeit leiden, scheint der Weg hin zu guten Beziehungen sehr weit und vielleicht auch unmöglich. Wir versichern Ihnen aber: Der Weg ist nicht unmöglich! Es gibt einige ganz einfache Schritte, die Ihnen helfen können.

Zuerst ein kurzfristig umsetzbarer Trick. Wer allein lebt und sich in seiner Wohnung einsam fühlt, sollte sich einen Lieblingsradiosender suchen und öfter mal das Radio anmachen. Nach einiger Zeit mit dem Lieblingssender scheint es, dass die Radiosprecher Bekannte sind, die speziell für mich das Programm gestalten. Wenn dann die Musik noch passt, fühlen Sie sich in Ihrer Wohnung nicht mehr so einsam. Dies kann ein harmloser Weg sein, um etwas Leben in die Wohnung zu bekommen. Vorsicht aber bei akuten psychotischen Krankheitsphasen: Dann ist es besser, das Radio auszumachen.

Jetzt ein Tipp zur kommunikativen Grundausstattung. Auch wenn das Geld knapp ist, sollten Sie ein Telefon mit Flatrate, eine E-Mail-Adresse und regelmäßigen Zugang zum Internet haben. Es gibt bei vielen Anbietern eine preiswerte Flatrate für ein Handy ohne Vertrag, und in öffentlichen Bibliotheken kann man oft für sehr wenig Geld ins Internet gehen. Ein gebrauchter Laptop kostet heute nicht mehr viel, oder manchmal schenkt einem jemand einen gebrauchten. Auch die monatlichen Kosten für einen Internetanschluss sind gering. Ohne diese heute üblichen Kommunikationsmittel ist es sehr schwierig, aus der Einsamkeit herauszufinden.

Was aber tun, wenn man nur wenige Kontakte hat?

Es hilft gegen die Einsamkeit, wenn Sie an Veranstaltungen teilnehmen, wo Sie mit anderen zusammen etwas machen, ohne diese näher zu kennen. Wie wäre es etwa, zum Gottesdienst zu gehen oder in eine öffentliche Bibliothek, einen Eiskaffee in einem schönen Café zu trinken, mal im Fitnessstudio mitzumachen oder auch nur mit den öffentlichen Verkehrsmitteln durch die Stadt zu fahren: So sehen Sie andere Menschen, schnappen Gesprächsfetzen auf oder machen etwas gemeinsam. Und schon fühlen Sie sich weniger einsam.

Es hilft gegen die Einsamkeit, wenn Sie die wenigen Beziehungen, die Sie haben, gut gestalten. Das gilt auch für die Familie. Man muss sich nicht immerzu mit der Mutti streiten, man kann sich auch um eine gute Beziehung mit ihr bemühen – auch wenn Mutti nicht perfekt ist. Immerhin ruft sie an, und wenn man Hilfe braucht, wer ist dann verlässlich zur Stelle?

Sie können in der Adventszeit alle wichtigen Menschen in Ihrem Leben mit einer Weihnachtskarte bedenken. Einige werden dies erwidern und vielleicht vertiefen sich auf diese Weise die Kontakte.

Das Ziel sollte sein, dass die Kontakte, die Sie haben, gut und konfliktarm sind. Wenn bestimmte Kontakte immer wieder zu Streit führen, dann sollten Sie diese auf ein Minimum beschränken. Vielleicht können Sie auch vereinbaren, bestimmte Themen außen vor zu lassen und nur zu tun, was beiden Seiten guttut.

Neue Kontakte gewinnen Sie am besten über Aktivitäten. Wenn Sie arbeitslos oder berentet sind, ist ein Ehrenamt eine gute Idee. Mit etwas Glück treffen Sie dort Menschen mit den gleichen Interessen, die Sie wertschätzen und zu guten Freunden werden. Auch ein Sportverein oder ein Volkshochschulkurs ist eine gute Möglichkeit, neue Kontakte zu knüpfen.

Gemeinsame Interessen und Anliegen ergeben sich aus gemeinsamen Erfahrungen. Innerhalb der Psychiatrie bieten Selbsthilfegruppen eine gute Möglichkeit für Kontakte, vor allem weil Sie da selbst als gleichberechtigter Partner aktiv sein können. Für Menschen mit Psychose-Erfahrung sind auch Psychoseseminare interessant.

Als Neuling profitieren Sie vermutlich erst mal von dem Wissen derjenigen, die schon länger dabei sind, aber über kurz oder lang gehören Sie selbst dazu. Aber Vorsicht vor Beziehungen, in denen Sie ständig Ihr bisschen Geld verleihen oder ständig bei anderen kranken Menschen auf der Couch übernachten.

Es ist wunderbar, sich mit Menschen auszutauschen, die ähnliche und doch wieder andere Erfahrungen im Leben gemacht haben. Es gibt aber auch manchmal nicht so hilfreiche Kontakte unter Betroffenen. In allen Fällen hilft Offenheit, um die Einsamkeit zu überwinden. Wenn Sie zumindest ein oder zwei Menschen haben, mit denen Sie über Ihre Träume, Ihre Hoffnungen, Ihren Lebensentwurf offen sprechen können, sind Sie nicht mehr einsam. Wenn Sie anderen offen begegnen, ihnen erlauben, Sie kennenzulernen, und wenn diese Ihnen dann freundschaftlich gesonnen sind – dann sind Sie nicht mehr einsam. Nur Mut, es gibt Menschen, die nicht schreiend davonlaufen, wenn Sie ihnen sagen, dass Sie zum Beispiel eine Psychose haben oder hatten. Es gibt viele Menschen mit offenem Herzen. Solche Menschen brauchen wir.

Natürlich wird Offenheit nicht immer belohnt. Das kann viele Gründe haben, manche Menschen habe vielleicht aktuell nicht das Bedürfnis nach neuen Kontakten, andere sind von der Arbeit absorbiert oder am Wochenende immer woanders. Nur wenn bestimmte Arten von Beziehungen regelmäßig scheitern oder in einem bestimmten Stadium kippen, dann sollten Sie sich vielleicht mit professioneller Hilfe überlegen, ob Sie etwas anders machen können.

MARLENE klagt viel über Einsamkeit. Wenn sie dann jemanden gefunden und sich mit ihm angefreundet hat, geschieht fast immer Folgendes: Lena überhäuft den anderen oder die andere mit ihren Problemen, lässt keinen Raum zum Luftholen oder Antworten außer »Hm« und »Ja« oder »Das ist ja schrecklich«. Wenn man auch nur andeutet, dass man mit ihrer Sicht nicht einverstanden ist, oder wenn man etwas sagt, was als vorsichtige Kritik gedeutet werden kann, wird sie wütend, macht eine emotionale Szene und bricht den Kontakt ab. Und ist wieder einsam.

Sich mit den eigenen Grenzen auszusöhnen hilft, um zu wissen, welche Art von Kontakt ich überhaupt brauche, damit ich mich nicht einsam fühle. Brauche ich einen Partner oder einfach ein, zwei gute Freude? Einen großen Bekanntenkreis oder lieber einige wenige, sehr harmonische Beziehungen? Derjenige, der weiß, was er braucht, um nicht einsam zu sein, kann daran arbeiten, dass er bekommt, was er braucht.

NICO sagt von sich, dass es für ihn gut ist, wenn er ein, zwei Freunde hat, die er um Rat fragen kann. Das fällt ihm aufgrund seiner manchmal aufbrechenden psychotischen Ängste schwer. Es hilft ihm dann, sich fest vor Augen zu halten, dass er einer bestimmten Person vertrauen kann, und sich das dann auch deutlich zu sagen: »Person X kann ich vertrauen. Sie will mir nichts Böses.« Manchmal gehen die Ängste dann trotzdem nicht weg. Dann versucht er, diese Ängste mit einem anderen Menschen zu besprechen. Allein im Aussprechen dieser Sorgen verfliegt vieles.

Wenn all diese Tipps nicht verfangen, sollten Sie die Ursachen der eigenen Einsamkeit mit jemandem besprechen. Einsamkeit kann sehr verschiedene Gesichter haben: Manch einer hat kaum Beziehungen, ein anderer nur oberflächliche oder solche, die ihm nicht guttun, wieder ein anderer hat Beziehungen, die nicht auf gegenseitiger Wertschätzung beruhen. Das kann jeweils sehr verschiedene Ursachen haben. Manchmal muss man auch erst noch weiter an sich arbeiten, bevor man gute Beziehungen gestalten kann. Wichtig ist nur, nicht aufzugeben. Gute Beziehungen sind das Fundament einer positiven persönlichen Entwicklung. Wer trotz einer psychischen Erkrankung etwas aus seinem Leben machen möchte, der sollte sich auf die Suche nach guten, wertschätzenden Beziehungen begeben.

Ein letzter Tipp: Wenn Sie einige wunderbare Menschen als Freunde gewonnen haben, seien Sie stolz auf diese und zeigen Sie ihnen das.

Dieses Kapitel beruht auf einer Veröffentlichung von Svenja Bunt im »Brücken-schlag«, Band 29: Einsamkeit. Paranus-Verlag, Neumünster 2013. Der Band befasst sich ausführlich mit dem Thema Einsamkeit und Kontakten von Psychiatrie-Erfahrenen.

WEITERSUCHEN

Auf dem Nachbarschaftsportal www.nebenan.de kann man z. B. sehen, welche offenen Gruppen in der Nachbarschaft aktiv sind. Wanderfreunde oder Menschen zum Boule- oder Billardspielen sind so manchmal ganz unkompliziert zu finden.

■■ Freundschaften aufbauen – Kontakte pflegen

Nichts ist im Leben so notwendig wie die Freundschaft, das hat schon Aristoteles gesagt. Aber Welche Art von Beziehung tut mir gut, welche schubst mich über meine Grenzen? Hier ist es wichtig, seine eigenen Bedürfnisse zu erkennen. Was für ein Typ Mensch sind Sie wohl? Eher ein Einzelgänger oder mehr ein »Rudelmensch« – oder irgendwas dazwischen? Wollen Sie lieber einige wenige, sehr gute Freundschaften pflegen oder mögen Sie eher einen großen Bekanntenkreis, in dem die Beziehungen dann nicht so intensiv sind? Oder vielleicht streben Sie auch eine Mischung aus beidem an. Und wie häufig sollen diese Kontakte sein: Fühlen Sie sich schon einsam, wenn Sie nur einen ganzen Tag lang niemanden gesehen, ja nicht einmal am Telefon gesprochen haben, oder mögen und schätzen Sie vielleicht sogar solche »freien« Tage?

Welche »Kontaktdichte« bekommt Ihnen wirklich gut? Das muss nicht mit der »gefühlten« Vorliebe übereinstimmen. Wenn Sie dann Kontakte haben: Wie lang soll ein Treffen dauern – was haben Sie gern, und was halten Sie aus? Viele Psychiatrie-Erfahrene empfinden zwischenmenschliche Beziehungen zwar als bereichernd, aber auch als anstrengend. Besonders anstrengend kann es werden, wenn die Beziehung sehr eng ist, eine große Nähe entsteht. Andererseits: Auch anstrengende Erlebnisse können sehr wertvoll und gut sein.

Weil ihnen immer wieder gesagt wird, sie seien nicht belastbar, verfallen manche Psychiatrie-Erfahrene auf die Strategie, Anstrengungen überhaupt zu meiden. Damit »vermeiden« sie aber auch das Finden von Erfüllung, zum Beispiel der Erfüllung, die sie in Beziehungen finden könnten, und schränken ihren Lebensradius meist unnötig ein.

Wir kennen etliche Psychiatrie-Erfahrene, denen es lieber ist, andere Menschen in einer Eins-zu-eins-Situation zu treffen, und die sich nicht so gern in Gruppen aufhalten. Das ist für uns nachvollziehbar, aber Gruppen können auch Spaß machen, und das »Überleben« und Wirken in einer Gruppe können Sie, wenn Sie mögen, lernen und langsam einüben. So können Sie Bildungs-, Sport- und Freizeitangebote nutzen, um mit anderen Menschen in Verbindung zu kommen. Auch politische Gruppen, Bürgerinitiativen oder Kirchengemeinden können sich eignen.

Nicht wenige Psychiatrie-Erfahrene haben über eine Selbsthilfegruppe ihr soziales Netz neu aufgebaut. Manche Psychiatrie-Erfahrene haben da allerdings Vorbehalte, sie wünschen sich mehr Kontakt zu »Gesunden«. Dieser Wunsch ist nachvollziehbar, vor allem, wenn Menschen solche Beziehungen nicht mehr haben und sich ausgegrenzt fühlen. Das heißt aber nicht, dass Kontakte zu anderen Betroffenen als »zweitklassig« einzustufen sind. Die nicht diagnostizierten Menschen sind nicht per se interessanter, netter, vernünftiger oder verständnisvoller. Eher ist es so, dass man bei anderen Betroffenen mehr Verständnis für die eigene Geschichte findet und ungewöhnliche Lebensläufe oder Gewohnheiten schneller akzeptiert werden.

Kolleginnen und Kollegen

Für viele ist es die Arbeitsstelle, an der sich ein Großteil der zwischenmenschlichen Kontakte abspielt. Man trifft auf Kolleginnen und Kollegen, Kunden, Auftraggeber und andere Kooperationspartner. Man kennt sich, aber eben auf eine bestimmte Weise. Man weiß, wie das Gegenüber seine Rolle ausfüllt, kennt vielleicht auch seine Hobbys, wenn am Kaffeeautomaten immer wieder vom letzten Fußballspiel die Rede ist. Nur: Diese Kontakte sind zunächst beruflicher Natur. Das heißt, dass nicht erwartet – und manchmal auch nicht gutgeheißen – wird, dass Sie mit anderen private Verabredungen treffen oder auch nur viel Persönliches von sich preisgeben. Es gibt viele Menschen, die ihre beruflichen und ihre privaten Kontakte strikt trennen.

Manchmal entspricht das auch ihrem beruflichen Selbstverständnis. Im psychiatrischen Bereich heißt das zum Beispiel, dass Ärzte, Therapeutinnen, Betreuer, Anleitende, aber auch Kontaktstellenmitarbeiter sowie auch Praktikanten im Regelfall keine privaten Beziehungen zu ihren Klienten eingehen werden. Es gibt natürlich auch davon Ausnahmen, aber wir erwähnen diese professionelle Zurückhaltung sozusagen aus »enttäuschungsprophylaktischen« Gründen.

Psychiatrisch Tätige lernen in ihrer Ausbildung, ihre Grenzen zu wahren, und können auch damit umgehen, wenn ihr Gegenüber unerwartet Persönliches erzählt. Kolleginnen und Kollegen wissen manchmal nicht, wie sie reagieren sollen, wenn sie unverhofft von existenziellen Krisenerfahrungen hören. Manche ziehen sich in der Folge zurück. Das muss man dann akzeptieren. Insbesondere wenn man sich im Job schon lange kennt, kann es aber auch sein, dass die Kolleginnen und Kollegen nicht nur zuhören, sondern Sie aktiv unterstützen, nicht nur auf der Arbeit, vielleicht auch darüber hinaus.

Wenn Sie einen Kontakt aus dem Bereich Ihrer Arbeitsstelle auf den privaten Bereich ausdehnen möchten, sollten Sie wissen, ob Ihre Kollegin oder Ihr Kollege das auch will. Was Sie sich außerdem überlegen sollten, ist, ob eine private Freundschaft mit Ihrer Kollegin, Ihrem Kollegen irgendwelche negativen Folgen haben könnte: Kann es zu Verwicklungen kommen, etwa weil Sie unterschiedliche Positionen in der Hierarchie des Betriebes haben? Ist die Person vertrauenswürdig, oder müssen Sie befürchten, dass dann viel über Ihr Privatleben im Kollegenkreis getratscht wird?

Wenn Sie es nicht wissen, finden Sie es heraus. Schließlich kann es auch zu einer Übervorsichtigkeit kommen, während eigentlich einer netten privaten Freundschaft nichts im Wege steht.

■■ Erwartungen und Angst vor Enttäuschungen

Manchmal haben Menschen so viele Vorbehalte, so viele schlechte Erfahrungen gemacht, dass sie aus Angst, Schüchternheit oder Vorurteilen aufkeimende Beziehungen von vornherein abblocken – und das später vielleicht bedauern. Manchmal vertraut man auch zu stark dem angeblich alles entscheidenden »ersten Eindruck« und genauso geht es Ihrem Gegenüber mit Ihnen. Allerdings: Dieser erste Eindruck kann auch täuschen, und erst beim näheren Kontakt merkt man, mit was für einem Menschen man es wirklich zu tun hat. Vielleicht hatten Sie den anderen gerade in einem ungünstigen Augenblick erwischt und die Verbindung wird doch ganz erfreulich. Das Gegenteil kann natürlich auch eintreten, dass Ihnen jemand anfangs sympathisch erscheint und Sie erst mit der Zeit mitbekommen, dass die Person sehr unangenehme Eigenschaften und Einstellungen hat.

Oft gibt es zu Beginn einer Bekanntschaft oder Freundschaft so etwas wie eine »Abtastphase«; Sie unterhalten sich vielleicht über weniger Wichtiges und reden nur etwas Small Talk miteinander, um sich nach und nach besser kennenzulernen. Gut ist es, wenn Sie nicht gleich mit Riesenansprüchen und Erwartungen an den anderen herantreten. Eher nicht sinnvoll ist es auch, sich seine Bekanntschaften und Freundschaften nur oder hauptsächlich unter dem Gesichtspunkt »Wer kann mir nützlich sein?« auszusuchen. Die Menschen, die Sie sich unter diesem Aspekt ausgucken, werden sich schnell benutzt vorkommen und merken, dass es Ihnen gar nicht um ihre Person oder den Spaß am Zusammensein geht. Dass soziale Beziehungen auch Unterstützung bieten können, ist wahr und richtig, und Sie können sich glücklich schätzen, wenn Sie damit gesegnet sind. Aber eine gute Freundschaft oder Bekanntschaft ist in erster Hinsicht »zweckfrei«. Sie braucht Platz für die Bedürfnisse beider.

Manche Menschen haben ein sehr großes Verlangen, ihre Probleme, Erlebnisse, Gedanken einem anderen mitzuteilen. Es ist gut, wenn sie dann jemanden finden, der ihnen geduldig und idealerweise auch gern zuhört. Aber mancher vergisst darüber, dass die Freundin, der Freund auch selbst ein Interesse hat, von sich zu erzählen. Achten Sie also, wenn möglich, auf eine gewisse Ausgewogenheit – vermeiden Sie es, andere stundenlang »zuzutexten«. Zeigen Sie, dass Sie auch Interesse an der Welt der anderen Person haben. »Interesse zeigen« kann zum Beispiel durch Zuhören und vorsichtiges Nachfragen, Sicherkundigen nach näheren Einzelheiten geschehen.

Umgekehrt sollten Sie sich natürlich auch dagegen verwehren, als eine Art »seelischer Mülleimer« benutzt zu werden. Eine Freundschaft ist etwas anderes als ein therapeutisches Verhältnis. Es kann zwar in einer Freundschaft auch mal (quasi) »therapeutisch« zugehen – aber das ist dann vorübergehend und sollte wechselseitig möglich sein. Natürlich kann es auch zu einem Problem werden, wenn ein Mensch nicht zu viel, sondern zu wenig von sich erzählt. Solche Menschen wollen manchmal nichts von sich preisgeben, manche sind schlicht schüchtern oder denken, mehr von sich zu erzählen wäre eine Belästigung für ihr Gegenüber. Aber wenn Sie sich in einer Bekanntschaft oder Freundschaft gar nicht öffnen, kann sich keine befriedigende Beziehung entwickeln.

Hilfreich ist es auch, wenn nicht nur die Vorstellungen von der Kontaktintensität, sondern auch von der Kontakthäufigkeit gleich sind. Es ist einfach ungünstig, wenn der eine Part sich einen täglichen Kontakt wünscht und die andere Seite denkt: Wenn wir uns alle vier Wochen mal sprechen, reicht das auch. Wenn Sie merken oder das Gefühl haben, in der Hinsicht könnten unterschiedliche Erwartungen bestehen, sprechen Sie dieses Problem offen an. Es kann natürlich sein, dass eine Seite sich gekränkt fühlt, wenn ihr bedeutet wird, dass ein so häufiger Kontakt nicht erwünscht ist, aber man kann nur mit dem umgehen, was man weiß. Entweder Sie finden eine für beide Seiten befriedigende Lösung oder aber Ihre Wege werden sich trennen. Dann finden Sie vielleicht jemand anderes.

Gut ist es auch, wenn Sie abklären oder in Erfahrung bringen, ob Ihre neue Bekanntschaft Überraschungsbesuche mag oder lieber vorher Bescheid wissen will, wenn Sie kommen, ob sie gerne länger telefoniert oder nicht und ob es Zeiten gibt, in denen sie nicht gestört werden möchte. Es ist auch ein Zeichen von Höflichkeit, einen Angerufenen erst mal zu fragen, ob er gerade Zeit für ein Gespräch hat, anstatt unmittelbar mit seinem Anliegen herauszuplatzen. Und wenn Ihnen gesagt wird, es sei gerade ein ungünstiger Zeitpunkt für ein Telefonat, sollten Sie auch nicht beleidigt sein. Schließlich können

Sie dieses Recht, erst später zur Verfügung zu stehen, ja auch für sich selbst nutzen.

Viele Freundschaften leben von besonderen Ritualen, die sich im Freundes- und Bekanntenkreis entwickelt haben. Vielleicht trinken Sie gern miteinander Kaffee oder frühstücken zusammen, machen regelmäßige gemeinsame Unternehmungen oder freuen sich an dem gleichen Hobby. Oft tut es Beziehungen gut, wenn nicht nur miteinander geredet, sondern etwas unternommen wird, gemeinsame Interessen gepflegt werden. Da erlebt man sich noch einmal ganz anders und lernt einander auf einer ganz anderen Ebene kennen.

Das gilt natürlich nicht nur für Freunde, sondern auch für die Familie. Diese Beziehungen sucht man sich ja nicht aus, und nicht immer hat man gemeinsame Interessen; aber Gelegenheiten zu suchen, wo man zusammen etwas machen oder feiern kann, ist auch hier eine gute Idee.

Sich mitteilen bei Psychose

Für manche Psychosebetroffene ist es schwierig, sich vertieft mit anderen über ihr Innenleben auszutauschen. Das kann daran liegen, dass das Erleben, das Denken und Fühlen bei Psychose in Teilen nicht konsensfähig ist: Andere Menschen glauben nicht an die globale Verschwörung, den Geheimdienst, die Verfolger oder auch die religiöse Erleuchtung. Eine Konsequenz ist oft, dass das Erleben in der Psychose zu Einsamkeit führt, vor allem wenn dieses Erleben nicht nur in der Akutphase, sondern auch im Alltag da ist. Denn entweder verschweigt jemand diesen nicht konsensfähigen Teil der eigenen Weltsicht, oder er äußert es und macht die Erfahrung, dass andere diese Weltsicht nicht teilen.

In beiden Fällen steht die oder der Betroffene allein da. Aber muss das so sein? Muss man sich verbergen und dann einsam bleiben mit seinen Gedanken und Gefühlen? Oder muss es so sein, dass andere Menschen sich erschrecken und das mit dem Geheimdienst nun wirklich nicht nachvollziehen können? Was kann man wem mitteilen?

Es ist unsere Erfahrung, dass das In-sich-Verbergen und -Vergraben der eigenen Gedanken und Gefühle zu schrecklichen Ängsten führt. Man ist mit diesen Ängsten dann allein. Schon aus dem Grund sollte man sich mitteilen. Wer die Erfahrung macht, dass er oder sie unterstützt wird, dass auch dieses Erleben geteilt werden kann, hat gute Chancen, dass die Ängste zurückgehen.

Wir brauchen liebevolle Beziehungen mit anderen Menschen, die uns ganz kennen und vertrauen, die auch unsere Schwächen annehmen können. Doch wem soll man sich mitteilen? Das muss ein jeder sorgfältig prüfen. Nicht jeder kann mit diesen Mitteilungen umgehen. Nicht jeder wird uns dann weiterhin unterstützen wollen. Vielen machen psychotische Inhalte Angst, sie wirken befremdlich. Menschen, denen Betroffene sich mitteilen können, sind etwa ein Therapeut, dem man vertraut, die beste Freundin oder der beste Freund, der Partner oder ein nahestehender Verwandter. Von weit gestreuten Mitteilungen ist abzuraten.

Versuchen Sie, emotional greifbar zu machen, was dieses Erleben für Sie bedeutet. Versuchen Sie, stärker zu vermitteln, was Sie fühlen, als von der Wahrheit Ihres Erlebens überzeugen zu wollen. Es geht darum, dass Sie sich mitteilen, nicht darum, dass andere diese Überzeugungen teilen. Sie sollten sagen, was Sie denken und fühlen. Wenn Sie darin verstanden werden, wird das enorm helfen. Wenn alle davon überzeugt sind, dass der BND Sie verfolgt, haben alle am Ende nur Angst, damit ist niemandem geholfen.

Emotionen teilen sich über Gestik und Mimik, Stimme und Körpersprache mit. Versuchen Sie, einzuschätzen, welche Emotionen andere im Alltag bei Ihnen erkennen können. Arbeiten Sie daran, dass Ihnen das Vermitteln Ihrer Emotionen gelingt. Beschäftigen Sie sich mit Ihren Emotionen und denen der Menschen um Sie herum. Fragen Sie sich, woran Sie merken, dass sich jemand freut oder Angst hat. Versuchen Sie, Ihren Emotionsausdruck zu verbessern.

Teilen Sie sich aber nicht wahllos mit, auch nicht therapeutischen Kontakten. Versuchen Sie, zu spüren, wem Sie auch an dieser Stelle vertrauen können. Denn Vertrauen verlangt die Mitteilung psychotischer Inhalte, die für viele von uns mit Angst und Scham und anderen unangenehmen Emotionen verbunden ist. Wenn Sie den Mut fassen, sich jemandem mitzuteilen, hoffen wir, dass Sie die Erfahrung machen, dass nichts Schreckliches passiert, Sie sich im Gegenteil besser unterstützt fühlen. Dann sind Sie nicht mehr einsam, und auch die Ängste gehen oft zurück.

▬ ▬ Man muss nicht immer einer Meinung sein, um sich gut zu verstehen

Natürlich gibt es fast überall, wo Menschen zusammenkommen, Anlässe für Konflikte: in der Familie, in Freundschaften, am Arbeitsplatz, im Verein. Die meisten Menschen, die wir kennen, streiten nicht gerne, obwohl es solche Menschen auch gibt. Sie finden Konflikte spannend, sie haben dann das Gefühl, es passiert was, es bewegt sich was. Wenn es zum Streit kommt, ist es wichtig, dass dieser von beiden Seiten konstruktiv ausgetragen wird. Einfach nur seinen »Ärger rauszulassen«, ohne über die Folgen nachzudenken, ist nicht ratsam – und übrigens auch gar nicht »gesünder«, wie oft behauptet wird. Alles »hinunterzuschlucken« selbstverständlich auch nicht. Wir haben hier ein paar Fragen zu Ihrer Konfliktfähigkeit zusammengetragen:

- Können Sie das, was Sie stört, was Sie anders sehen oder worüber Meinungsverschiedenheit herrscht, konkret benennen?
- Können Sie auch im Streit Ihr grundsätzliches Wohlwollen dem anderen gegenüber aufrechterhalten?
- Wissen Sie, was Sie in bzw. mit dem Konflikt erreichen wollen – und ist das Ziel realistisch?
- Sind Sie zu Kompromissen bereit?

Wenn Sie diese Fragen mit Ja beantworten können, dann gratulieren wir Ihnen zu Ihrer Streitbarkeit. Sie wissen, was Sie wollen, und Sie wissen, wie Sie es vorbringen können, ohne den anderen zu verletzen.

Das ist natürlich keine Garantie, dass der Konflikt beigelegt wird. Dann können Sie sich fragen, ob es hilfreich wäre, eine dritte, neutrale Person hinzuzuziehen oder das Medium zu wechseln, zum Beispiel keine E-Mails mehr zu schreiben, sondern zu telefonieren oder sich zu treffen.

Manchmal stellt sich im Laufe des Konflikts heraus, dass alles nur ein Missverständnis war, aber meistens wird ein Kompromiss oder eine Regelung gefunden, die im besten Fall für beide Seiten auch langfristig akzeptabel ist. Wenn das nicht gelungen ist, wird der Konflikt über kurz oder lang vermutlich wieder aufflammen. Deshalb sollten Sie möglichst auch wissen, wie ein gutes Ende des Konflikts aussieht. Muss etwas gesagt oder getan werden? Sind Sie dazu bereit? Haben Sie gesagt, was Sie erwarten?

Wir sprechen dieses Thema deshalb an, weil speziell für Psychiatrie-Erfahrene Konflikte mit nahestehenden oder auch mit fremden Menschen oft eine ganz besonders starke Belastung darstellen, die mitunter auch zu neuen Krisen führen kann. Manche von uns gehen deshalb Konflikten aus vermeintlichem Selbstschutz aus dem Weg. Aber bewältigte Konflikte können auch Beziehungen stärken. Sie wissen, wo der andere steht und mitgeht. Sie haben Ihre Bedürfnisse geäußert und vielleicht auch durchgesetzt. Wenn Sie gemeinsam eine Lösung gefunden haben, können Sie mit gutem Grund annehmen, dass Ihnen das wieder gelingt.

SIBYLLE Ich bin früher davon ausgegangen, dass gute Beziehungen praktisch konfliktfrei verlaufen müssten. Heute weiß ich, man muss nicht immer einer Meinung sein, um sich gut zu verstehen.

So viel hinsichtlich Konfliktaustragung und -bewältigung auch gelernt werden kann: Manchmal ist es trotzdem klüger, sich der Situation zu entziehen oder sogar den Kontakt ganz abzubrechen. Wenn Sie Letzteres tun, achten Sie darauf, dass der belastende Kontakt – den Sie ja nun abgebrochen haben – auch wirklich aus Ihrem Leben verschwindet und nicht andauernd noch in Ihrem Denken »herumspukt«.

Manchmal reicht auch eine Auszeit: Es kann vorkommen, dass eine Freundin oder ein Freund etwas sagt, was bei Ihnen schlecht ankommt, tatsächlich aber als freundlicher, ironischer Scherz gemeint war. Bedenken Sie also diese Möglichkeit mit, wenn Sie Anlass zum Rückzug sehen. Sollten Sie die Äußerungen Ihres Freundes oder Ihrer Freundin gar nicht komisch finden, sagen Sie das ruhig. Umgekehrt müssen Sie vielleicht auch auf Ihre Worte achtgeben: Wenn Sie jemand sind, der gern andere Menschen neckt oder »aufzieht«, beachten Sie bitte, dass nicht jeder diese Art von Humor erkennt oder schätzt.

Wie Ihre Kontakte aussehen und sich gestalten, kann auch anzeigen, wie gut oder schlecht es Ihnen gerade psychisch geht. Wir jedenfalls wünschen Ihnen, dass Ihre Beziehungen bereichernd für Sie sind und Ihnen das bieten, was Sie sich wünschen und was Sie brauchen. Gute Beziehungen zu haben und mit Freunden zusammen zu sein, ist kein Allheilmittel, aber auch der Forschung zufolge ein gutes Mittel gegen Traurigkeit.

▬ ▬ Liebe

Liebe beglückt. Liebe erfüllt. Sie wird in unzähligen Liedern besungen, in unzähligen Geschichten erzählt. Sie wird verkörpert in Jesus oder Gandhi und im Nächsten. Liebe ist ein Strahlen an der Bushaltestelle. Die Gewissheit, dass ich wichtig bin. Liebe gibt freundliche Worte und Gesten. Liebe ist die Sonne im Leben.

Das heißt nicht, dass die Liebe einfach ist, nicht zu sich selbst, nicht zu anderen. Manche Psychiatrie-Erfahrene haben Schwierigkeiten, sich selbst als liebenswert wahrzunehmen. Manche denken auch, dass die Liebe nicht zählt. Für einige würde das Zulassen des Gedankens, dass sie sich nach Liebe sehnen, sehr viel Mut erfordern und löst so oft Abwehr, vielleicht sogar Aggression aus.

In unseren Augen sollte Liebe nicht auf partnerschaftliche Liebe eingeschränkt werden. Liebe ist ganz weit und groß und kann in ganz vielen Beziehungen und Aktivitäten eine zentrale Rolle spielen. In der Philosophie und vielen Religionen gibt es uralte Denktraditionen, die uns auftragen, Liebe zu verschenken an die Menschen, denen wir begegnen, uns zu verschenken an die Arbeiten, denen wir uns widmen dürfen.

Menschen, die Schwierigkeiten mit der Liebe haben, haben oft auch Schwierigkeiten damit, ihre eigenen Bedürfnisse und die anderer Menschen richtig wahrzunehmen. Dann schleicht sich ein Missklang in das Miteinander ein und man denkt, dass das mit der Liebe alles ein Werbegag ist.

Wer aber schon einmal verliebt war in einen Menschen, der weiß, wie wunderbar sich das anfühlt, wenn die Welt in neuen Farben glänzt, altvertraute Liebeslieder plötzlich eine neue Bedeutung haben und sich immer wieder ein Strahlen über das Gesicht schleicht. Nein, Liebe ist keine Fiktion.

Lieben muss man üben, man muss sich an den Gedanken gewöhnen, dass Liebe eine große Sehnsucht ist und in ganz vielen Beziehungen und Aktivitäten präsent sein kann. Wenn Sie üben wollen: Liebeslieder bieten sich an. Romantische Romane. Sogar die Bibel.

Wenn Sie liebevoll leben wollen: Kleine Gesten der Zuvorkommenheit zeigen Ihre Zuneigung, Ihre Bereitschaft, großzügig zu sein mit Ihrer Zeit und wenn möglich auch mit anderen Ressourcen. Freundlichkeit lässt sich in jeden Alltag einbauen. Rufen Sie an, schreiben Sie mal eine Karte oder eine Mail. Organisieren Sie eine kleine persönliche Aufmerksamkeit. Zeigen Sie, wie wichtig diese Menschen für Sie sind. Suchen und gestalten Sie den Kontakt.

Und wenn Sie einen Partner suchen: Versuchen Sie, im Allgemeinen liebevolle Beziehungen zu gestalten. Vielleicht ergibt sich dann eine Partnerschaft ganz von selbst, wo Sie es gar nicht erwartet haben.

WEITERLESEN

Nur noch gebraucht und als E-Book erhältlich:

Helene Beitler und Hubert Beitler: Zusammen wachsen. Psychose, Partnerschaft und Familie. BALANCE buch+ medien verlag, Bonn 2008.

Wie gehe ich mit mir um?

Erste Hilfe bei schlechter Stimmung

Menschen mit Psychiatrie-Erfahrung leiden manchmal an erheblichen Stimmungsschwankungen. Da gibt es Tage, an denen Sie das Gefühl haben, in einem tiefen, schwarzen Loch zu sitzen, ohne dass Sie noch den Himmel erkennen könnten – bildlich gesprochen. Oder Sie fühlen sich »wie Falschgeld« in der eigenen Wohnung. Oder Ihr Leben kommt Ihnen völlig verpfuscht vor. Oder Sie fühlen sich tieftraurig und niedergeschlagen. Oder Sie haben ein ausgeprägtes Morgentief (oder ein Abendtief). Vielleicht haben Sie furchtbar schlechte Laune. Vielleicht kippt Ihre Stimmung von einer Minute auf die andere ins Negative, ohne dass Sie dafür eine Ursache ausmachen können. Genauso gut kann es einen konkreten Auslöser geben, ein unangenehmes Telefonat, ein Brief vom Amt, irgendetwas.

Die Rede ist hier nicht von längerfristigen und behandlungsbedürftigen Depressionen. Auch nicht von schwierigen Lebensproblemen, die einen langsamen Prozess der Veränderung erfordern und vielleicht auch therapeutische Hilfe. Hier geht es wirklich nur um »Erste Hilfe«, um das, was Sie selbst tun können, um diese schlechte Stimmung wenigstens kurzfristig etwas erträglicher zu machen.

Das sollte Sie nicht davon abhalten, nach tiefer liegenden Ursachen zu suchen und eine langfristige Verbesserung anzustreben, vielleicht mit professioneller oder privater Begleitung. Aber vielleicht können ein paar praktische Tipps für den Alltag Ihnen schon zeigen, dass Sie Ihren Stimmungsschwankungen nicht ausgeliefert sind, sondern Ihre Stimmung durchaus beeinflussen können. Wenn Sie merken, mir geht es heute schlecht, können Sie sich erst mal fünf einfache Fragen stellen:

- Wann habe ich zuletzt geschlafen?
- Wann habe ich zuletzt gegessen und getrunken?
- Wann habe ich mich zuletzt bewegt?
- Wann hatte ich zuletzt Kontakt zu anderen Menschen?
- Wie sind hier, wo ich gerade bin, die Temperaturverhältnisse?

Wann habe ich zuletzt geschlafen? → Es kann sein, dass Sie die vergangene Nacht sehr wenig oder gar nicht geschlafen haben. Das wirkt sich nicht nur auf das körperliche Befinden und die Leistungsfähigkeit aus, sondern kann auch sehr auf die Stimmung drücken. Wenn Sie die Möglichkeit haben, tagsüber etwas von dem Schlaf nachzuholen, tun Sie das. Sie sollten dann aber die Schlafdauer begrenzen, sonst laufen Sie Gefahr, dass sich Ihr Tag-Nacht-Rhythmus umkehrt. Auch wenn Sie nachts genügend geschlafen haben, kann ein kurzes Nickerchen die Stimmung bessern.

Dass es wichtig ist, auf ausreichend Nachtschlaf zu achten, wissen Sie wahrscheinlich schon. Manche Menschen reagieren auf Schlafentzug auch mit euphorischen Zuständen, die sich zu ernsthaften Krisen auswachsen können. Wenn Sie dazugehören, sollten Sie besonders auf Ihre Schlafhygiene achten.

Wann habe ich zuletzt gegessen und getrunken? → Ihre schlechte Stimmung kann auch von einem nicht bemerkten Hungergefühl, einem Absinken des Blutzuckerspiegels herrühren. Vielleicht haben Sie ja solchen Kummer, dass es Ihnen den Appetit verschlagen hat. Oder Sie haben das Essen einfach »vergessen«. Dann versuchen Sie einfach, etwas zu essen. Fehlt einem eine richtige Mahlzeit, etwa das Frühstück, hat man einfach keine richtige Energie für den Tag.

Daneben hat fast jeder Mensch sein individuelles »Seelenfutter«, also irgendwelche Speisen oder Naschereien, von denen man sich besonders befriedigt, ja getröstet fühlt. Oft sind das nicht gerade gesunde Sachen, zum Beispiel Süßigkeiten. Wenn Sie es schaffen, Maß zu halten, ist aber auch gegen das gelegentliche Stück Schokolade nichts einzuwenden.

SIBYLLE Ich tröste mich manchmal mit einem Erdnussbutter-brot, weil mich das an Geborgenheit bietende Situationen aus meiner Kindheit erinnert, wo es diesen Brotaufstrich oft gab. Inzwischen habe ich gelernt, auch gesündere Lebensmittel als Wohlfühlelemente einzusetzen. Ein Stück Obst wirkt fast genauso gut, eine richtige warme Mahlzeit noch besser.

Wann habe ich mich zuletzt bewegt? → Es wird einem ja heutzutage immer wieder erzählt, wie wichtig ausreichende und regelmäßige Bewegung ist. Und zwar nicht nur für die körperliche Fitness und Gesundheit, sondern auch und gerade für die Psyche. Es heißt sogar, dass Sport bei leichten und mittelschweren Depressionen genauso wirksam sein kann wie ein Antidepressivum. Nur ist es gerade in einer Depression – was übersetzt »Niedergedrücktheit« heißt – eines von den schwierigsten Dingen, aufzustehen, die Laufschuhe anzuziehen, sich aufs Rad zu schwingen oder ins Fitnessstudio zu gehen. Und wenn Sie das nicht schaffen, bekommen Sie zu der schlechten Stimmung noch ein schlechtes Gewissen dazu, denn Sie wissen ja, wie wichtig Sport ist.

Was können Sie tun, ohne gleich ins Fach »Leistungssport« zu wechseln? Sie könnten zum Beispiel den Bewegungsanteil in Ihrem Alltag nach und nach erhöhen. Beispielsweise im Haushalt etwas aktiver sein, mehr in der Wohnung herumlaufen. Zur Lieblingsmusik im Zimmer herumzutanzen macht sogar ganz unsportlichen Leuten oft Spaß. Sie könnten eine Bus- oder Bahnhaltestelle früher aussteigen als üblich und den Rest zu Fuß gehen. Sie könnten anfangen, erst nur ab und zu die Treppe statt der Rolltreppe zu nehmen und dann immer öfter. Sicherlich fallen Ihnen selbst noch Beispiele ein. Auf jeden Fall ist es sinnvoller, zehn Minuten um den Häuserblock oder zur nächsten Parkbank zu gehen als vor lauter Scham und Resignation darüber, dass man das Deutsche Sportabzeichen niemals schaffen wird, gar nichts zu machen. Oft wird schon durch solche kleinen Bewegungseinheiten die Stimmung aufgehellt. Und vielleicht finden Sie ja doch Bewegungsarten, die Sie gerne mögen: Wie wäre es mit Schwimmen oder Federball oder Yoga? Einfach mal ausprobieren!

Wann hatte ich zuletzt Kontakt zu anderen Menschen? → Diese Frage stellt sich nicht für sehr gesellige Menschen, die sowieso oft »im Rudel« unterwegs sind und gern von sich aus auf andere zugehen. Sie stellt sich aber für Menschen, die gerne mal allein sind, sich lieber zurückziehen und öfter die Einsamkeit suchen. Da kann es unversehens passieren, dass Sie einfach zu lange allein sind, mehr, als Ihnen guttut.

Natürlich wollen wir Ihnen nicht dazu raten, Menschen aufzusuchen, die Sie nicht mögen oder die Ihnen Probleme bereiten. Aber vielleicht gibt es ja doch jemanden, den Sie gern anrufen möchten?

Wenn Ihnen der direkte, persönliche Kontakt schon zu viel ist: Sie können auch irgendwo hingehen, wo sich andere Menschen befinden, wo man aber nicht direkt mit jemandem in Beziehung treten muss. Das kann etwa ein belebter Platz sein, aber auch ein Café oder ein Fußballplatz. Manche gehen zum Kiosk, zum Friseur oder zum Wochenmarkt, um kleine, unverbindliche (Einkaufs-)Kontakte zu haben. Auch wenn Sie nicht so große Lust auf andere Menschen haben – möglicherweise haben Sie zu viele schlechte Erfahrungen gemacht oder die Anwesenheit anderer löst ängstliche, genervte oder feindselige Gefühle bei Ihnen aus –, geben Sie diesen Gefühlen nur etwas nach, lassen Sie sich nicht gänzlich davon beherrschen. Wenn Sie die Menschen generell meiden, vermeiden Sie es auch, gute Erfahrungen zu machen.

Wie sind hier, wo ich gerade bin, die Temperaturverhältnisse? → Das ist noch einmal eine sehr praktische, körperbezogene Frage. Es kann nämlich sein, dass es dort, wo Sie sind, unangenehm kalt oder warm für Sie ist, ohne dass Ihnen das gleich auffällt. Sie fühlen sich nicht wohl, und erst nach einer ganzen Weile merken Sie, dass Ihnen kalt ist. Vielleicht lässt sich ja die Heizung anstellen oder irgendetwas Warmes überziehen. Manchmal kann man an der Temperatursituation nichts ändern und muss sie einfach ertragen. Sie könnten dann in Zukunft solche Situationen vermeiden oder sich besser wappnen, indem Sie zum Beispiel eine Thermosflasche heißen Tee mitnehmen oder ein T-Shirt unterziehen, sodass Sie den Pullover ausziehen können.

Überhaupt ist es schon im Vorfeld möglich, Vorsorge zu treffen. Vielleicht kennen Sie schon die Idee des sogenannten »Notfallkoffers«. Das muss kein richtiger Koffer sein, sondern nur irgendein Behältnis, eine Tasche, eine Kiste, eine Dose, in die man Dinge hineinlegt, die einem helfen, wenn man sich in einer Krise befindet – oder auch in einer schlechten Phase. Das kann eine Telefonnummer sein von jemandem, den man dann anrufen kann; das kann ein Tütchen Badesalz sein als Erinnerung, dass ein heißes Bad einem guttut; das kann auch das Stück Schokolade sein oder ein netter Brief, den wieder zu lesen Freude macht; ein Zettel mit einem wichtigen Motto; ein Foto von Ihnen aus einer guten Zeit.

OLE hört besonders gern traurige Musik, wenn es ihm schlecht geht. Er hat in seinem Koffer diverse CDs von Leonard Cohen, die ihn trösten. Die tiefe Stimme von Cohen beruhigt ihn.

Manche machen sich auch eine Liste mit den Dingen, die in schlechten Zeiten helfen können – schon mal geholfen haben oder voraussichtlich helfen werden. Wichtig ist nur, dass Sie so einen Notfallkoffer oder eine Liste überhaupt anlegen. Wenn es einem erst einmal richtig schlecht geht, ist man oft so sehr damit beschäftigt, dass einem das, was hilft, nicht mehr einfällt.

Auch sollten Sie darauf achten, dass die Strategien und Rituale, die Sie sich da selbst vorschlagen, an schlechten Tagen noch umsetzbar sind und nicht zu viel Kraft, Energie und »Aufraffen« von Ihnen verlangen. Was Sie an Ideen dort sammeln, ist sehr individuell, und die Möglichkeiten sind nahezu unbegrenzt. Manchen hilft es, wenn sie ihre Gefühle in einem Bild oder Text ausdrücken.

Andere lesen gern Gedichte oder Psalmen. Vielleicht hilft Ihnen leichte Haus- oder Gartenarbeit – wie wäre es mit einer »Abwaschmeditation«? Oder haben Sie gern die Nähe von Tieren? Von Bäumen? Schauen Sie sich gern lustige, traurige oder auch schnulzige Filme an? Haben Sie eine Lieblingszeitschrift oder -webseite, wo Sie vielleicht auch mit anderen chatten können? Werden Sie kreativ und entwickeln Sie Ihre ganz eigenen Ideen!

SIBYLLE Wenn ich in einer tiefen und langwierigen Depression stecke, habe ich das Gefühl, »das wird nie wieder vorbeigehen, da komme ich nie wieder raus«. Da diese Phasen manchmal sehr lange dauern können, außerdem mein Zeitempfinden dann auch verändert ist, ist das dann für mich die »Wahrheit«, und auch gutes Zureden anderer erreicht mich dann nicht. Ich denke nur: Ihr habt gut reden, Ihr wisst ja gar nicht, wie es mir geht. Aber bei den kürzeren, eher vorübergehenden und immer mal wieder auftretenden Stimmungstiefs und Phasen der Antriebslosigkeit sage ich mir selbst: Das geht vorüber. Heute ist vielleicht ein ganz schlechter Tag, ich bin schon morgens »falsch aufgestanden« oder irgendein Ereignis bedrückt oder ängstigt mich, ich kann an diesem Tag überhaupt nichts erledigen – aber ich weiß, heute Nachmittag, am nächsten Morgen, nächste Woche kann oder sogar wird es wieder ganz anders aussehen. Dieses Erfahrungswissen ist dann zwar eine Sache des Verstandes, meine Gefühle sprechen in dem Moment eine andere Sprache – trotzdem hilft diese Einsicht, den schlechten Tag oder die schlechten Tage mit einer gewissen Gelassenheit zu ertragen.

Ich schaue mir dann auch meine Gedanken an. Ich habe festgestellt, dass ich in schlechten Stunden oder Tagen dazu neige, die gegenwärtige Situation zu verallgemeinern. Wenn ich beispielsweise einen »verpfuschten« Tag habe, kommt es vor, dass mir mein ganzes Leben in diesem Licht erscheint. »Noch nie« habe ich etwas Sinnvolles getan, »nichts« jemals bewältigen können oder geschafft, »nie« einen positiven Kontakt gehabt, gute Gefühle, die mal da waren, sind »für immer« verschwunden. Auch da hilft es mir, an meine Erfahrung zu denken und zu überlegen, ob das wirklich so stimmt. Meine schlechten Gefühle gehen davon zwar nicht gleich weg, aber sie verlieren ein Stück ihrer Macht über mich.

Womit man sich das Leben noch schwer macht, ist, wenn man anfängt, sich mit anderen Menschen zu vergleichen, die vermeintlich mehr geschafft haben, in irgendwas »besser« sind. Vergleichen kann richtig unglücklich machen. In guten Zeiten kann der Vergleich vielleicht noch anspornen, sich anzustrengen, in schlechten Zeiten aber führt der Vergleich direkt in die selbst gemachte Hölle. Man übersieht dann leicht, dass manche Dinge auch in guten Zeiten für einen nicht erreichbar wären. Man drückt auf diese Weise nur sein Selbstwertgefühl unter den Nullpunkt und auch die gefühlte Lebensqualität. Man kann dann auch an sich selbst kein gutes Haar mehr finden und wird blind für alles, was im Leben gut ist. Bleiben Sie also lieber bei sich und Ihrem eigenen Leben.

Wenn Sie bemerken, dass Sie sehr viel Zeit, Wochen oder Monate, nur mit dieser »Ersten Hilfe« beschäftigt sind, dass also das Bemühen, ein erträgliches Befinden herzustellen, Ihre ganze Zeit und Energie beansprucht, sollten Sie überlegen, ob Sie besser andere Wege gehen – zum Beispiel doch professionelle Hilfe in Anspruch nehmen oder etwas Grundlegendes in Ihrem Leben ändern.

Und noch eine Empfehlung zum Schluss: Gönnen Sie sich angenehme Erlebnisse und Dinge! Das muss nicht gleich etwa ein teurer Musical-besuch sein oder wovon immer Sie träumen mögen. Gönnen Sie sich Gutes, das im Alltag erreichbar und erschwinglich ist. Das kann eine schöne Tasse Tee oder Kaffee sein, ein Herbst- oder Frühjahrsspazier-gang, aber auch ein netter Fernsehabend oder -nachmittag. Manche Menschen sind sehr streng mit sich und versagen sich zu viel oder haben das Gefühl, erst müsste ihr Leben perfekt sein, bevor sie etwas genießen dürfen. Aber, wie sagte John Lennon: »Leben ist das, was passiert, während du dabei bist, andere Pläne zu machen.« Verpassen Sie also nicht Ihr Leben!

WEITERLESEN

Bei der Fragenliste »Wann habe ich zuletzt ...« haben wir uns orientiert an einer ganz ähnlichen Liste in dem Buch des Wissenschaftsjourna-listen Stefan Klein, »Die Glücksformel oder Wie die guten Gefühle entstehen«, Fischer Taschenbuch, 21. Auflage 2014, sowie an dem Buch »Glück kommt selten allein« von Eckart von Hirschhausen, Rowohlt, 18. Auflage 2011.

Auf der Internetseite www.glueck-kommt-selten-allein.de kann man, wenn man sich registriert, an einem siebenwöchigen kostenlosen »Glückstraining« teilnehmen, mit vielen Übungen der »Positiven Psychologie«. Das ist natürlich Geschmackssache ...

Ein Ratgeber (auch) für Menschen, die sich mit Ratgebern eher schwertun: Jürgen Hargens: Bitte nicht helfen! Es ist auch so schon schwer genug. (K)ein Selbsthilfebuch. 9. Auflage, Carl-Auer-Systeme-Verlag, Heidelberg 2013.

Ein sehr praktischer und alltagsnaher Ratgeber für schlechte Zeiten und auch für Menschen, die von belastenden Erinnerungen geplagt werden: Wanda Dammann: Was mir guttut, wenn's mir schlecht geht. Impulse, Übungen und Tipps für den Alltag. Herder, Freiburg u. a. 2016.

Außerdem hilfreich bei Schlafproblemen:

Jürgen Zulley und Barbara Knab: Die kleine Schlafschule. Wege zum guten Schlaf. 2. Auflage, Mabuse-Verlag, Frankfurt a. M. 2016.

■■ ■■ Einen Bezug zu seinem Körper entwickeln

Ein besonders schwieriges Thema für viele von uns ist das Spüren, Wahrnehmen und Umsorgen des eigenen Körpers. Viele von uns haben keinen guten Bezug zu ihrem Körper, was übrigens allgemein für benachteiligte Menschen gilt. Manchmal erschweren traumatische Erfahrungen es, den eigenen Körper anzunehmen. Das kann wirkliche Probleme verursachen.

So ist die Gewichtszunahme vieler Psychiatrie-Erfahrener sicherlich teilweise durch die Medikamente zu erklären, aber manche nehmen auch das Ansteigen des Gewichts erst spät wahr. Manche wiegen sich nicht regelmäßig, blicken sich auch nicht gerne im Spiegel an, merken erst, wenn die bequemen Hosen oder Röcke nicht mehr passen, dass sie zugenommen haben.

Auch die Zahngesundheit ist oft ein Problem, was wiederum teilweise durch die Medikamente zu erklären ist, aber manche gehen auch jahrelang nicht zum Zahnarzt, bis dann Schmerzen kommen und das Gebiss im Grunde saniert werden muss.

Leider scheint es auch so zu sein, dass viele psychische Erkrankungen und ihre medikamentöse Behandlung die Wahrscheinlichkeit für einige körperliche Erkrankungen erhöhen. Ärzte machen es sich hier oft zu einfach mit dem Hinweis auf eine ungesunde Lebensführung. Eher ist es die Kombination von Armut und Benachteiligung, Veranlagung und Nebenwirkungen der Medikamente, die einen Großteil der körperlichen Erkrankungen von Psychiatrie-Erfahrenen verursacht.

Diese Gemengelage macht es für Betroffene schwierig, gegenzusteuern. Aber einen Bezug zu seinem Körper zu entwickeln und zu lernen, dass ein Körper auch umsorgt werden will, dass seine Bedürfnisse ernst genommen werden müssen – das kann man lernen.

Es gibt spezielle körperbezogene Therapien, um seinen Körper besser spüren zu lernen, zum Beispiel Formen der Bewegungstherapie, die öfter in Kliniken angeboten wird. Auch ohne solche speziellen Therapien können Sie einiges im Alltag versuchen:

- Wenn Sie in Ihrer Wohnung einen größeren Spiegel aufhängen, besteht die Chance, dass Sie sich sozusagen an das Aussehen Ihres Körpers gewöhnen. Auch wenn Ihr Körper nicht perfekt sein sollte, hilft es, Scham und Unwohlsein abzubauen, wenn Sie sich täglich auf diese Weise im Blick haben.

- Moderate sportliche Bewegung bietet eine gute Möglichkeit, zu spüren, wie gut der Körper funktioniert, dass er einer gewissen Belastung gewachsen ist. Dafür können wir unseren Körper auch schätzen und umsorgen.

- Schon einfache Übungen wie Klopfmassagen oder mit den Händen über den Körper zu streichen können das Körpergefühl verbessern. Sich eincremen kann ebenfalls hilfreich sein.

Oft tun wir uns schwer, den eigenen Körper zu mögen, weil es irgendwelche Baustellen gibt. Manch einer würde gerne abnehmen, ein anderer eine gewisse Fitness aufbauen. Wir haben da oft ein Körperbild und auch ein Idealbild vor Augen, dem wir gar nicht entsprechen. Aber erst, wenn man akzeptiert, dass man übergewichtig ist, kann man etwas unternehmen, zum Beispiel die Ernährung umstellen.

Schon 5 Prozent weniger Körpergewicht, was nur wenige Kilos sind, machen einen großen Unterschied für unseren Stoffwechsel. Das heißt, wenn Sie abnehmen wollen, können schon kleine Schritte sehr hilfreich sein.

Den Körper zu umsorgen bedeutet, ihn gut zu ernähren, zu pflegen, zu bewegen und bei Beschwerden möglichst schnell zu reagieren. Wer keinen guten Bezug zu seinem Körper hat, geht oft auch nicht gerne zum Arzt. Regelmäßige Check-ups, wie Sie ohnehin ab einem gewissen Alter empfohlen werden, sind aber sehr sinnvoll. Suchen Sie sich auf jeden Fall neben einem Psychiater einen Hausarzt und einen Zahnarzt, eine Gynäkologin oder einen Urologen. Wenn Sie Ihre Vorsorgetermine wahrnehmen, dann lernt Ihre Ärztin, Ihr Arzt Sie nicht nur mit der Zeit besser kennen, auch Ihnen wird es leichter fallen, hinzugehen, wenn es Probleme gibt.

Versuchen Sie, auf Ihre körperliche Gesundheit und ein gutes Körpergefühl zu achten. Das ist schwierig für viele von uns. Aber es lohnt sich und ist ein Bestandteil von Lebensqualität.

PAULA muss Neuroleptika nehmen und hat durch diese stark zugenommen. Sie ist unglücklich über ihren Körper. Eigentlich mehr um sich etwas Gutes zu tun, beginnt sie, etwas Sport zu machen. Es macht ihr überraschend Spaß und sie macht mehr Sport. Auch andere Dinge in ihrem Leben entwickeln sich positiv, sie findet eine Arbeit in Teilzeit. Es gelingt ihr in der besseren psychosozialen Situation, gut auf ihre Ernährung zu achten und ihre Leidenschaft für Kuchen zu zügeln. Sie nimmt wieder ab, obwohl sie weiterhin auf Medikamente angewiesen ist. Ermutigt, kümmert sie sich noch besser um ihren Körper.

WEITERLESEN

Maike Groeneveld und Kathi Dittrich: Gewicht im Griff. Das 10-Punkte-Programm für mehr Wohlbefinden. Ratgeber der Verbraucherzentrale NRW, Düsseldorf 2017.

■ ■ Selbsthilfe bei psychotischen Ängsten

Kennen Sie das? Sie haben oft schreckliche Ängste, vielleicht vor Entführung und Ermordung oder vor Erpressung und übler Nachrede, Verleumdung und falscher Anklage? Sie vermuten da dunkle Machenschaften am Werk, böse Mächte, die hinter Ihnen her sind? Das sind psychotische Ängste.

Wenn diese anfangen, keine anderen Gedanken mehr zuzulassen, brauchen Sie professionelle Hilfe, da werden Sie allein nicht mehr zurechtkommen. Wenn Sie Ihren Alltag noch ganz gut hinkriegen und auch noch einigermaßen schlafen, dann können Sie verschiedene Selbsthilfestrategien ausprobieren.

SVENJA Mir hilft es in solchen Situationen, mich auf meinen Körper zu konzentrieren: dass ich keine Schmerzen habe, dass mein Atem ruhig geht, wie sich mein Körper anfühlt. Es hilft zum Beispiel, mit der Hand über den Arm zu streichen und sich zu sagen: »Das ist die Realität.« Sie können Ihren Atem beruhigen, indem Sie das Ein- und Ausatmen zählen, mit »1« einatmen, bei »2« ausatmen, mit »3« wieder einatmen und so weiter. Zählen Sie bis 10 und fangen dann noch mal bei 1 an. Nehmen Sie dann bewusst wahr, wie Ihr Atem sich beruhigt. Auch einige sehr tiefe Atemzüge können entspannend wirken. Nehmen Sie die Erleichterung bewusst wahr.

Fragen Sie sich, ob Sie jetzt unmittelbar eine Gefahr sehen oder hören. Begeben Sie sich dazu in eine ruhige Umgebung, zum Beispiel in Ihr Schlafzimmer. Ist da irgendwo eine unmittelbare Gefahr zu sehen oder zu hören? Oder ist alles ruhig, verschlafen, staubig, harmlos? Vorsicht: Wenn Sie oft Stimmen hören, wird das nicht gut funktionieren.

Wenn Sie in Situationen mit anderen Menschen sind, versuchen Sie, zu spüren, was diese anderen Menschen fühlen. Haben die Angst, sind die nervös? Oder sind die ruhig, gelassen, vielleicht auch fröhlich? Dann nehmen sie offenbar keine Gefahr wahr.

Versuchen Sie, sich zu sagen, dass heute nichts Schlimmes passieren wird. Was die Zukunft bringt, weiß kein Mensch. Aber was heute ist, können Sie ganz gut überblicken. Sie können also mit einigem Recht sagen, dass Ihnen heute nichts Schlimmes passieren wird.

Halten Sie am Normalen fest. Sagen Sie sich, dass Sie das Normale wollen. Halten Sie an Ihren Alltagsaktivitäten fest und machen Sie trotz der Ängste das, was Sie immer machen.

Versuchen Sie, sich auf die gerade aktuelle Situation und die Menschen darin zu konzentrieren. Versuchen Sie, die jeweils aktuellen Arbeitsaufgaben zu erledigen, ohne einen Plan für den Rest des Lebens zu haben. Machen Sie das an Arbeiten, was jetzt sinnvoll und möglich ist, ohne zu fragen, ob das alles auch längerfristig funktioniert. Halten Sie sich an das gegenwärtig Sinnvolle und Mögliche.

Finden Sie Wege, sich selbst zu beruhigen: Für manche ist vertraute Musik hilfreich, für andere ein Spaziergang oder ein Gespräch mit einem vertrauten Menschen.

RUDI hatte früher Probleme mit Psychose und Drogen. Zurzeit geht es ihm gut, er hat auch eine stundenweise Arbeit, die ihm viel bedeutet. Zudem kann er wieder Kontakt mit seinem Sohn haben, was für ihn das Glück ist. Wenn es ihm heute mal nicht so gut geht, fährt er hinaus aus der Stadt in ein großes Waldgebiet. Dort läuft er gerne durch eine schöne Landschaft, das beruhigt und beglückt ihn.

Versuchen Sie, so weit es geht, die Ängste von Ihrem Handeln zu entkoppeln. Machen Sie das, was Ihnen wichtig ist, auch wenn es Ängste verursacht. Machen Sie nichts, nur weil Sie Angst haben.

Mit den genannten Tipps werden die Ängste nicht verschwinden, aber Sie können sich vielleicht stabilisieren, Sie können dafür sorgen, dass die Ängste Sie nicht daran hindern, das Leben zu leben, dass Sie sich wünschen.

Ihre Ängste nicht nur in Schach zu halten, sondern deutlich zu reduzieren oder gar aufzulösen, ist anspruchsvoller. Gibt es etwas in Ihrem Leben, das Ihnen berechtigterweise Angst macht, vielleicht weil Sie da völlig auf sich zurückgeworfen sind und sich hilflos fühlen? Fühlen Sie sich überhaupt unterstützt? Gibt es Menschen, auf die Sie sich verlassen können?

Psychotische Ängste, die auch unter Medikamenten nicht weggehen, sind ein Zeichen dafür, dass Sie etwas in Ihrem Leben ändern sollten, dass Sie sich nicht gut unterstützt fühlen, dass Ihnen etwas aus gutem Grund Angst macht. Wenn das so ist, sollten Sie etwas ändern. Das wird oft sehr schwer sein. Aber es lohnt sich mittelfristig.

Wenn es Menschen in Ihrem Leben gibt, von denen Sie sich gut unterstützt fühlen, werden die Ängste wahrscheinlich zurückgehen, wenn das auch oft nur unter Medikamenten möglich ist. Finden Sie Wege, sich anderen Menschen mitzuteilen. Vielleicht gibt es eine künstlerische oder intellektuelle Aktivität, über die Sie sich indirekt mitteilen können. Manches Bild etwa kann deutlich von Angst sprechen, ohne dass der Maler ein Wort sagen muss. Haben Sie den Mut, zu sagen oder zu zeigen, wie Sie die Welt sehen und was Sie erleben.

Wenn Ihnen ein Mensch vertrauenswürdig scheint, suchen Sie den Kontakt und geben Sie auch etwas von sich hinein. Es wird Ihnen helfen, einen Zirkel Vertrauter aufzubauen, der Sie unterstützt. Wenn Sie sich gut unterstützt wissen, wird vieles leichter.

Trauer und Trost

In einem Leben mit wiederkehrenden psychischen Krankheitsphasen gibt es viel Anlass zu Trauer und Ärger. Vieles gelingt im Leben nicht – hier ein kleines Klagelied: Wenn Psychiatrie-Erfahrene überhaupt arbeiten gehen können, so werden sie zumeist nicht eine ihrer Qualifikation entsprechende Arbeit haben und entsprechend wenig Geld erhalten. Auch privat findet kaum ein Psychiatrie-Erfahrener Erfüllung. Eine Familie gründen, Kinder bekommen, dieser Wunsch bleibt für viele unerfüllt. Selbst wenn eine Berufstätigkeit möglich ist und eine Partnerschaft, müssen Psychiatrie-Erfahrene viel mehr strampeln als andere, damit das so bleibt. Und dann haben viele komplizierte Beziehungen zu ihren Eltern und Geschwistern, die oft zugleich hilfreich und problematisch sind. Auch das Hilfesystem ist nicht immer hilfreich, etliche Profis wollen nur ihr eigenes Leben absichern durch ihre Arbeit.

Solche oder ähnliche Gedanken kennt fast jeder Psychiatrie-Erfahrene. Enttäuschung, Trauer und Ärger sind dann die natürliche Reaktion. Wie soll man damit umgehen?

Zunächst einmal finden wir: Diese Gefühle bezeugen, dass Sie Ihre Lebenssituation im Vergleich mit anderen ganz richtig bewerten können. Wer Verstand hat, wird in unserer Lebenssituation auch mal wütend und traurig reagieren. Vor allem wenn wir jung erkrankt sind, waren die Chancen auf eine gute Ausbildung, auch eine Partnerschaft reduziert. Da darf man auch mal traurig und wütend sein. Verleihen Sie diesen Gefühlen auch ruhig einen angemessenen Ausdruck. Sie dürfen natürlich fragen, ob Ihre Familie nicht einen anderen Weg hätte gehen können. Sie können auch gegenüber dem Psychiater klagen, dass die Nebenwirkungen der Medikamente eigentlich unerträglich sind. Es hilft nicht, immer freundlich sich selbst zu verleugnen. Sagen Sie, was Sie denken, auch wenn es ärgerlich oder traurig klingt.

Wenn Sie in so eine Stimmung kommen, machen Sie Sport, sorgen Sie für ausreichend Bewegung, um wieder runterzukommen. Und suchen Sie sich einige Menschen, die Ihnen guttun und die Ihnen helfen können, konstruktiv mit Ihren Gefühlen umzugehen. Suchen Sie sich Hilfe, um kleine und große Dinge in Ihrem Leben ändern zu können. Freunde, die an Sie glauben. Menschen, die Sie begleiten. Wir sind nicht schuld an unserem Unglück. Und wir können etwas tun, damit es besser wird.

SVENJA Für mich ist ein Wort von Manfred Bleuler, einem bekannten Psychiater, trostreich. Er sagte sinngemäß: Schizophrenie ist der Lebensweg eines Menschen mit außerordentlich großen inneren und äußeren Hindernissen. Mir scheint das übertragbar auch auf andere psychische Erkrankungen. Der Satz sagt, dass es Hindernisse gibt, manchmal von außen kommend: Armut, Ausgrenzung, Einsamkeit. Manchmal von innen kommend, dass wir uns auch selbst im Weg stehen. Das Leben besteht dann in einer Art Hindernis-Parcours. Immerzu müssen wir wie ein Springpferd neue Hindernisse überwinden. Oft kommt eins nach dem anderen, oft liegt die Latte hoch. Wenn wir scheitern, so liegt das an diesem Hindernis-Parcours. Es ist meine Überzeugung, dass in Anbetracht aller inneren und äußeren Faktoren die Mehrheit der psychisch kranken Menschen es gut macht, so gut wie möglich. Wir sind keine verqueren, bockigen Menschen, die grundsätzlich alles falsch machen. Wer in so einem Hindernis-Parcours leben muss, macht auch Fehler, wird auch scheitern. Wir können nur versuchen, es im Rahmen unserer Möglichkeiten gut zu machen.

WEITERLESEN

Marie Boden und Doris Feldt: Trost und Hoffnung für den Genesungsweg. Ein Handbuch zur Gruppenmoderation und zur Selbsthilfe. Psychiatrie Verlag, Köln 2017.

▪▪ Entspannen und Genießen

Nun haben wir schon oft gesagt, dass Sie etwas für sich tun, möglichst mit Geduld und Ausdauer an sich arbeiten sollen. Wir müssen selbst zugeben: Das liest sich nicht nur anstrengend, es ist anstrengend. Deshalb wenden wir uns nun den schönen Seiten des Lebens zu! Sich zu entspannen, sich wohlzufühlen und etwas zu genießen gehört natürlich auch zum Leben. Manchmal kommt uns diese Fähigkeit abhanden oder wir gestehen uns die Zeit dafür nicht zu, dann müssen wir sie wieder lernen. Es gibt sogar eine Genusstherapie, die Euthyme Therapie. Da werden alle fünf Sinne genutzt, also Sehen, Riechen, Schmecken, Tasten, Hören, um positives Erleben zu fördern.

Das Schöne ist, dass Genuss im Alltag nicht sehr am Geld hängt. Genuss ist mehr eine Frage von Achtsamkeit, von Spüren, von Sich-Zeit-Nehmen. Hier sind einige Beispiele, die Genuss bieten, aber gar kein Geld oder nur wenig kosten:

- den Sonnenuntergang beobachten;
- im Sommer barfuß über eine nasse Wiese laufen;
- im Sommer mit den Füßen im Wasser an einem See oder am Meer laufen;
- schwimmen gehen;
- Erdbeeren mit Sahne essen;
- etwas Köstliches kochen;
- einen richtig guten Kaffee genießen;
- die Natur bei einem Spaziergang oder einer Wanderung genießen;
- eine blühende Pflanze zu Hause pflegen oder sich Blumen für eine Vase mitbringen;
- einen wunderbaren Roman lesen;
- einen Hund oder eine Katze streicheln;
- sich die Haare waschen lassen;
- im Park ein Picknick machen;
- schöne Musik hören;
- ein neues, besonders gut riechendes Duschgel ausprobieren.

Vielleicht fallen Ihnen noch andere genussreiche Momente ein, die sich vielleicht sogar regelmäßig in den Alltag einbauen lassen? Es braucht vor allem Achtsamkeit gegenüber den genussreichen Momenten. Man muss sie auch nicht alle planen. Wenn man zum Beispiel draußen ist, muss man manchmal nur die Farben der Jahreszeit auf sich wirken lassen, den längeren Weg nehmen statt des direkten. Vieles lässt sich genießen, wenn man sich die Zeit dafür nimmt. Also, halten Sie Ausschau nach den genussreichen Momenten in Ihrem Leben. Wenn man sich gut fühlt, ist man besser gewappnet für anstehende Herausforderungen.

WEITERLESEN

Andreas Knuf: Sei nicht so hart zu dir selbst. Selbstmitgefühl in guten und in miesen Zeiten. 3. Auflage, Kösel-Verlag, München 2016.

Lichtblicke

Lebensentwürfe

Unser Lebensentwurf ist der Maßstab, an dem wir Gelingen oder Scheitern unseres Lebens messen.

Es gibt viele Beispiele von Psychiatrie-Erfahrenen, die ein erfüllendes und gutes Leben führen. Oft hat dies bedeutet, dass sie ihren ursprünglichen Lebensentwurf verändert und umgeschrieben haben aufgrund der Krisenerfahrung und dass der neue Lebensentwurf glücklich macht. Und genau darüber wollen wir nachdenken: Welche Elemente braucht ein Leben, um ein gutes zu sein?

Es gibt viel Literatur, viele Ratgeber, wie man glücklich leben kann. Wir können hier nur ein bisschen unsere Erfahrung im Leben und Beobachtungen im Leben anderer reflektieren.

Zum Glück tragen unserer, notwendigerweise subjektiven Erfahrung nach folgende Dinge bei:

- jeden Tag mit anderen Menschen, an denen einem liegt, in Kontakt zu sein;
- eine Sportart moderat auszuüben, die einem Spaß macht;
- jeden Tag etwas Musik zu hören;
- einer Arbeit nachzugehen, die einem sinnvoll erscheint;
- mit seinem Geld auszukommen;
- Momente von Genuss jeden Tag zu erleben;
- ästhetische Erfahrungen im Alltag zu machen;
- Ordnung und Einfachheit;
- sich um etwas oder jemanden zu kümmern: die Wohnung, Pflanzen, ein Tier, ein Kind.

- intellektuell wach sein, lesen, diskutieren, sich informieren;
- gelegentlich besondere Erfahrungen zu machen, von besonderer Freude;
- einer kreativen Tätigkeit nachzugehen, die einem Spaß macht;
- seine Fähigkeiten und Kompetenzen auf manchen Gebieten schulen;
- jeden Tag auch einige Tätigkeiten zu machen, bei denen die Zeit wie im Fluge vergeht.

Zum Unglück scheint uns beizutragen:

- Materialismus und sein Glück von Geld und Konsum abhängig zu machen;
- kaum Menschen zu haben, mit denen man Kontakt haben kann, und diese schlecht zu behandeln;
- sich nicht gut um seine Gesundheit und den Alltag zu kümmern;
- Maßlosigkeit und Gier, Kopflosigkeit;
- Einseitigkeit: nur für den Beruf oder nur für die Familie zu leben.

Ein gutes Leben scheint uns eines zu sein voller Selbstsorge, voller Tätigkeit, voller Beziehungen, mit Neuem von Zeit zu Zeit, mit Genuss. Das ist nicht nur für Psychiatrie-Erfahrene sehr anspruchsvoll. Es ist schon viel erreicht, wenn der Lebensentwurf ansatzweise gelingt und man sich auf dem richtigen Weg sieht.

Ein Lebensentwurf enthält oft Vorstellungen vom Glück, Gefühltes im Inneren, wo jemand glücklich leben könnte, welche berufliche und private Nische er oder sie anstreben sollte. Ein Lebensentwurf ist nicht beliebig, er ist auch keine Wunschliste. In ihm zeigt sich, worin jemand Glück finden will. Und das kommt oft aus den Tiefen der eigenen Person.

SIGGI hatte mit 19 Jahren eine erste psychotische Episode. Nachdem sie sich erholt hatte, begann sie ein Psychologiestudium, das sie erfolgreich und ohne weitere Zwischenfälle abschloss. Als sie in Hamburg an ihrer Dissertation arbeitete, ereilte sie eine neue Psychose, und sie musste diese Arbeit abbrechen. Es ging ihr sehr schlecht. Aber sie lernte in Hamburg Dorothea Buck und Thomas Bock kennen, die sie ermutigten, offen und offensiv mit ihren Psychosen umzugehen und ein biografisches Verständnis dieser Krisen zu entwickeln. Sie zog dann zurück nach Süddeutschland, brauchte aber noch länger, um sich zu erholen. Beruflich sah es in der Zeit nicht gut aus. Sie fing an, sich in einem Verein für Psychiatrie-Erfahrene zu engagieren, und absolvierte schließlich einen EX-IN-Kurs. Heute arbeitet sie als Genesungsbegleiterin und EX-IN-Trainerin, lebt in einer Partnerschaft und ist mit ihrem derzeitigen Leben sehr glücklich.

Vielleicht ist es auch eine Chance, wenn ein vielleicht einseitiger und kümmerlicher Lebensentwurf an einer psychischen Erkrankung scheitert? Vielleicht ist es eine Chance für einen bunteren, vielseitigeren und kreativeren Lebensentwurf?

WEITERLESEN

In diesen Büchern finden sich viele Beispiele von erfolgreichen geänderten Lebensentwürfen von Psychiatrie-Erfahrenen:
Michael Schulz und Gianfranco Zuaboni: Die Hoffnung trägt. Psychisch erkrankte Menschen und ihre Recovery-Geschichten. BALANCE buch + medien verlag, Köln 2014.
Hartwig Hansen (Hg.): Der Sinn meiner Psychose. Zwanzig Männer und Frauen berichten. 2. Auflage, Paranus-Verlag, Neumünster 2014.

Sibylle Prins: Vom Glück. Wege aus psychischen Krisen. Reprint der Ausgabe von 2003, BALANCE buch + medien verlag, Köln 2014.

Dorothea Buck: Auf der Spur des Morgensterns. Psychose als Selbstfindung. 6. Auflage, Paranus-Verlag, Neumünster 2016.

▬ ▬ Lachen macht Spaß!

Ein Mensch fragt: »Wo geht es denn hier zum Bahnhof?«

Es antworten:

Ein Sozialpädagoge: »Ich weiß nicht, aber lassen Sie uns drüber reden ...«

Ein Sozialarbeiter: »Keine Ahnung, aber ich fahre dich schnell hin!«

Ein Gesprächstherapeut: »Sie möchten wissen, wo der Bahnhof ist?«

Ein Tiefenpsychologe: »Sie wollen verreisen ...«

Ein Psychoanalytiker: »Sie meinen dieses lange, dunkle Gebäude, wo die Züge immer rein- und raus-, rein- und raus- ... fahren?«

Ein Verhaltenstherapeut: »Heben Sie Ihren rechten Fuß. Schieben Sie ihn vor. Setzen Sie ihn jetzt auf. Sehr gut! Hier haben Sie ein Bonbon.«

Ein Gestalttherapeut: »Du, lass das voll zu, dass du zum Bahnhof willst.«

Ein Bioenergetiker: »Machen Sie mal Sch... Sch... Sch...!«

Ein humanistischer Psychotherapeut: »Wenn du da wirklich hinwillst, wirst du den Weg auch finden!«

Ein Psychiater: »Seit wann haben Sie solche Fantasien?«

Den kannten Sie schon? Der hat sooooo'n Bart? Stimmt, aber es gibt nun mal nicht viele gute Witze über Psychiater und psychiatrisches Personal. Vielleicht gibt es auch so wenig Psychiaterwitze, weil die Psychiatrie nicht eben ein lustiges Feld ist.

Humor und Psychiatrie-Erfahrung – geht das überhaupt zusammen? Was ist mit Ihnen? Durch die Erlebnisse in der Psychiatrie bzw. den Umgang der Umwelt mit psychischen Erkrankungen und auch durch die Erkrankung selbst kann einem das Lachen natürlich vergehen. Es gibt auch Begebenheiten und Geschichten, über die es sich verbietet, zu lachen. Wenn es Ihnen aber gelingt, Ihre Krisen und das, was damit zusammenhängt, zu überwinden, wird auch Ihre humorvolle Seite wieder erstarken. Dann haben auch Sie wieder etwas zu lachen!

Humor kann helfen, auch schwierige Zeiten zu überstehen. Humor schafft Distanz, man kann wie von außen auf die An- und Zumutungen schauen, die zum Beispiel ein Psychiatrie-Aufenthalt mit sich bringt. So kann man ein Stück Souveränität wiedererlangen, muss nicht nur passives und hilfloses Opfer sein.

SIBYLLE Bei mir ist das manchmal durchaus ein bitterer, galliger Humor der Art »Wer unten ist, kann nicht mehr fallen«. Galgenhumor eben. Immerhin konnte ich so den schwierigen Umständen, an denen ich erst mal nichts ändern konnte, etwas entgegensetzen. Manchmal gelingt es mir sogar, über mich selbst, meine Gewohnheiten und Verhaltensmuster zu lachen. Wenn ich zum Beispiel merke, dass ich ziellos durch die Wohnung hin und her laufe, dann stelle ich mir gerne vor, wie ich mich selbst von oben in einem Stummfilm sehe. Da wirkt mein Verhalten dann ziemlich lustig auf mich. Im Zeitraffer ist es noch komischer.

Überhaupt kann eine »kosmische Perspektive« die Situation für mich oft relativieren: Plötzlich sehe ich mich als kleines Menschlein, das wegen völlig unwichtiger Dinge ein großes Getue macht. Ich muss dann nur aufpassen, dass das »Lachen über mich selbst« (oder über andere) nicht in völlig sarkastische oder zynische Sichtweisen umkippt.

Humor kann auch dazu verhelfen, sich selbst nicht immer nur in der Sonderrolle der Psychiatrie-Erfahrenen zu sehen, sondern zu erkennen, dass die Tücken des Lebens und menschliche Schwächen uns alle betreffen. Vielleicht mögen Sie dazu gern humorvolle Kolumnen lesen oder sich lustige Filme oder Comedy-Sendungen ansehen? Kurz, erlauben Sie sich, Anlässe aufzusuchen oder zu finden, bei denen Sie innig schmunzeln oder auch herzhaft lachen können. Nur, weil Sie psychiatrieerfahren sind, müssen Sie nicht »zum Lachen in den Keller« gehen. Lieber mal auf Youtube ein paar Comedy-Acts anschauen. Oder sich eine Sammlung mit lustigen Cartoons anlegen. Manche Leute können sich auch gut Witze merken.

Vielleicht versuchen Sie, den Irrwegen des Lebens auch mal eine komische Seite abzugewinnen. Besonders Situationen, die zunächst ärgerlich oder peinlich erscheinen, eigenen sich für eine humoristische Betrachtung: Sie kennen das sicher von den Ungeschicklichkeiten Charlie Chaplins oder Buster Keatons. Wenn Sie eine unangenehme Situation einem Bekannten oder einem Freund erzählen und auch mal eine Übertreibung wagen, ergeben sich die komischen Seiten der Geschichte oft ganz von selbst.

Suchen Sie auch die Nähe von Menschen, die gern lachen oder die Sie zum Lachen bringen. Und üben Sie sich darin, andere zum Lachen zu bringen. Das macht enormen Spaß!

Die Wirkung des Humors besteht darin, dass zwei Sichtweisen, Ereignisse oder Gedanken aufeinandertreffen, die auf den ersten Blick nicht zusammenpassen. Dadurch entsteht eine Spannung, die durch das Lachen gelöst wird. Abgesehen davon, dass Lachen tatsächlich gut für die Gesundheit ist, weitet es auch den Horizont – und das Herz. Humor kann versöhnlich und nachsichtig stimmen. Humor kann helfen, angespannte Situationen zu entschärfen. Auch Kritik, die humorvoll und nicht verletzend vorgebracht wird, kann oft besser angenommen werden.

Denen, die lieber unversöhnlich bleiben, dient der Humor manchmal als Waffe, dann wird jemand nicht zum Lachen gebracht, sondern lächerlich gemacht. Das ist hier natürlich nicht gemeint. Wir denken eher daran, über bestimmte Zumutungen, die einem widerfahren sind, satirisch zu reden oder zu schreiben.

Humor heißt übersetzt übrigens »Feuchtigkeit« – das betrifft auch den sogenannten »trockenen Humor«. In der Tat ist Humor ein guter Nährboden für das Gedeihen des menschlichen Miteinanders. Gelingendes soziales Miteinander verlangt Humor – so wie ein guter Nährboden Feuchtigkeit.

Humor, mit dem man niemanden verletzt, anderen ihre Würde lässt, aber trotzdem Klamauk und Spaß macht, ist sehr anziehend. Menschen mit einem solchen Sinn für Humor sind gute Freunde und auch gute Teammitglieder. Natürlich sollten wir alle auch Dinge ernsthaft reflektieren, uns auseinandersetzen mit uns und der Welt; aber ohne Humor bekommen die Reflexionen oft eine unerträgliche Schwere. Wir liegen sozusagen darnieder, fühlen uns niedergedrückt, niedergeschlagen. Humor lässt uns dagegen Leichtigkeit fühlen, schweben. Es ist einfach schön, wenn man lachen kann.

Eckart von Hirschhausen, Arzt und einer der bekanntesten zeitgenössischen Komiker, ist der festen Überzeugung, dass wir über Humor Wahrheiten erkennen und sie besser annehmen können, dass Lachen Medizin ist. Er verpackt Ernsthaftes in Späßen.

Ist es nicht oft so, dass der Narr die Wahrheit ausspricht, dass der Clown auch ein weinendes, ernsthaftes Auge auf die Welt richtet? Zusammen mit anderen Menschen lacht es sich übrigens leichter und öfter als allein. Wenn Sie aber unter dem Namen »Humor« Sätze über sich oder andere anhören müssen, die Ihnen missfallen, dürfen Sie das natürlich sagen. Sie fürchten sich vielleicht davor, als Spielverderber oder »Spaßbremse« dazustehen, aber es gibt natürlich Dinge, die wirklich nicht lustig sind oder über die sich keiner lustig machen sollte, schon gar nicht, wenn er weiß, dass es den anderen treffen wird. Ansonsten erinnern wir hier an die alte Redensart »Wer zuletzt lacht, lacht am besten«. Hoffentlich gehören Sie dazu!

Kleinanzeige: Habe auf dem Parkplatz der Klinik meinen Humor verloren. Kann ohne ihn nicht weiterleben. Der ehrliche Finder erhält als Finderlohn ein herzhaftes Gelächter!

WEITERLESEN

Dem Humoristen bei der Arbeit zuschauen:

Eckart von Hirschhausen: Wunderheiler. DVD. Hier macht sich der Komiker und Arzt über Alternativ- und Schulmedizin gleichermaßen lustig.

Kennen Sie schon die Psychiatriekrimis von Cornelia Schmitz? »Betreutes Sterben« (2017) und »Dir wird ich helfen« (2018)? Hier macht sich eine psychiatrieerfahrene Autorin über das Leben auf Station und in einer Werkstatt ziemlich gekonnt lustig. Beide sind im BALANCE buch + medien verlag, Köln, erschienen.

▬ ▬ Kreativ werden

Kreativität heißt Schaffenskraft. Das Besondere an dieser Art des Schaffens ist, dass ein kreativer Prozess eine Eigendynamik entwickelt, die oft auch den Urheber überrascht. Jemand, der einen kreativen Text schreibt, wird nicht selten in Ecken und Winkel von Gedanken und

Worten kommen, die ihm bislang fremd waren. Es entsteht etwas, das zumindest in Teilen vorher ungeplant war – so ging es uns auch mit diesem Buch. Die Schaffenskraft hat ihre eigene Dynamik. Auch ein Maler oder Bildhauer, ein Theaterkunstschaffender oder auch Unterhaltungskünstler wird immer wieder durch sein eigenes Werk überrascht.

Diese Eigendynamik entfaltet sich aber zumeist nur, wenn der Urheber seine Fähigkeiten entwickelt und pflegt. Musiker müssen viel üben. Maler auch. Autoren müssen immer wieder schreiben. Erst durch das ernsthafte und langjährige Üben wird die jeweilige Fähigkeit so geschult, dass etwa Neues entstehen kann.

Nun wollen die meisten Menschen nicht gleich Künstler werden. Dennoch kann auch ihnen ein kreatives Hobby viel geben. Ängste etwa oder auch Freude, Trauer, aber auch bestimmte, normalerweise verborgene Gedanken lassen sich in einem kreativen Werk leichter ausdrücken als im Alltag. Die indirekte Mitteilung ist oft von Vorteil: Man muss nicht sagen: »Ich habe Angst« – und kann doch etwas davon in einem künstlerischen Werk zeigen.

Etliche Psychiatrie-Erfahrene haben Kreativität für sich entdeckt: Nora Klein hat beispielsweise mit Fotos das depressive Erleben emotional eingefangen (Mal gut, mehr schlecht, Hatje Cantz Verlag 2017). In der Galerie Cru in Berlin werden laufend Ausstellungen mit Bildern Psychiatrie-Erfahrener gezeigt, auf der Webseite www.arttransmitter.de wird sogenannte Outsider-Art präsentiert und vermittelt. Martin Kolbe hat seine Erfahrung mit manischen und depressiven Phasen in Musik verwandelt (»Songs from the Inside«). Im Kapitel »Lebensentwürfe« finden Sie am Ende viele Hinweise auf Texte von Psychiatrie-Erfahrenen. Für alle diese Künstler und Künstlerinnen ist ihr künstlerisches Schaffen aber nicht nur eine Möglichkeit, ihre Erfahrungen auszudrücken, es ist auch etwas, was ihrem Leben Sinn gibt und ihre Identität definiert.

Nun ist die Welt der Kunst eher hart zu den Kunstschaffenden: Man erhält viele Absagen und oft nur wenig Resonanz, von Geld ganz zu schweigen. Es empfiehlt sich, sein Einkommen nicht von der Kunst oder Literatur, dem Theater oder der Musik zu erwarten. Dennoch ist Kreativität ein Lichtblick im Leben eines jeden Menschen. Mit seinen Ideen, seinem Konzept, seiner Erfahrung, seiner Persönlichkeit und seiner Begabung etwas zu schaffen, das so niemand sonst schaffen könnte, ist eine sehr erfüllende Sache. Das kreative Werk ist nicht austauschbar, es kann auch nicht von einem Computer erzeugt werden, es gehört zum Urheber als unverwechselbares Resultat seiner Kreativität.

Vielleicht klingt das alles für Sie zu sehr nach ernsthafter Kunst? Ist Ihr Interesse vielleicht eher kunsthandwerklicher Art? Vielleicht wollen Sie keinen Roman, sondern Tagebuch schreiben und schlicht Ihre Gedanken sortieren? Vielleicht wollen Sie ein Instrument lernen, als blutiger Anfänger, ohne jeden künstlerischen Ehrgeiz? All diese Aktivitäten sind es sehr wert, getan zu werden! Sie können sehr bereichernd und auch gesund sein, hilfreich und schön.

Wenn Sie nur für sich ein wenig Kreativität erleben wollen, können Sie zum Beispiel diese Aktivitäten ausprobieren:

- An städtischen Musikschulen gibt es für wenig Geld Musikunterricht.
- Die Volkshochschule bietet viele Kurse zu kreativen Tätigkeiten an.
- Auch in Bastelläden oder Nachbarschaftstreffs gibt es oft kreative Kurse, viele sind kostenlos.
- Vielleicht kennen Sie jemanden mit dem gleichen Hobby? Tun Sie sich doch zusammen, lernen Sie voneinander!
- Wenn Sie gerne schreiben wollen: Die meisten Autoren können nur wenige Stunden am Tag schreiben. Überfordern Sie sich nicht!

- Auch die Ergotherapie kann einen Rahmen und Anleitung bieten für erste kreative Versuche.

Am schönsten ist es wohl, wenn Sie eine eigene Idee für ein kreatives Projekt entwickeln und dafür dann gezielt Ihre Fähigkeiten erwerben und schulen. Ein solches kreatives Projekt kann Sie sehr weit bringen, gesundheitlich, aber auch sozial, denn plötzlich haben Sie eine Antwort auf die Frage, was Sie so machen: Sie schreiben ein Buch oder zeichnen einen Comic, Sie planen eine Theateraufführung oder malen einen Zyklus von Bildern! Es ist viel einfacher, mit anderen in Kontakt zu kommen, wenn man etwas erzählen kann auf die Frage, was man so macht. Den meisten ist es dann nicht so wichtig, ob das eher ein Hobby ist oder ein Beruf.

Hier sind noch einige Tipps:

- Im Idealfall haben Sie bereits in der Jugend eine kreative Begabung und Neigung an sich entdeckt. Wenn nicht, brauchen Sie eine gewisse Offenheit, Verschiedenes auszuprobieren und herauszufinden, was Ihnen liegt. Hier eignen sich kleine Workshops oder Schnupperwochen, Probestunden.

- Wählen Sie nicht eine kreative Tätigkeit, die gut klingt, sondern eine, die Ihnen Spaß macht. Was würden Sie gerne mehrfach die Woche machen? Welche bisherigen Erfahrungen haben Sie? Welche kreativen Arbeiten lagen Ihnen in der Schule? Aber auch: Wen kennen Sie, der ähnlich arbeitet? Wen können Sie auch mal fragen, wie das geht?

- Probieren Sie Dinge erst mal im Kleinen aus: Besorgen Sie sich, was Sie brauchen, wenn möglich, erst mal ohne große Investitionen. Vielleicht kennen Sie jemanden, der Ihnen beispielsweise ein Instrument oder eine Nähmaschine leiht?

- Finden Sie heraus, zu welcher Tageszeit Sie am kreativsten sind. Richten Sie sich einen Arbeitsplatz ein, das kann auch eine Schublade in der Kommode mit Sachen sein, die dann auf den Küchentisch geräumt werden, wenn es ans Werk geht.

- Machen Sie Fingerübungen. Selbst wenn Sie gerne einen Roman schreiben wollen, schreiben Sie auch immer wieder kleinere Texte. Wenn Sie Bildnisse in Öl schaffen wollen, zeichnen Sie immer wieder interessante Motive. Lassen Sie bei diesen kleinen Arbeiten Ihrer kreativen Ader freien Lauf.

Kreativität entfaltet sich vor allem dann, wenn man loslässt und aufhört, zu denken: »Was denken die anderen von mir und meinem Werk?« Manchen hilft es, sich vorzustellen, dass die Arbeit niemand sehen, niemand davon Notiz nehmen wird, um etwas Schönes zu schaffen – das sie dann vielleicht doch zeigen. Nur wenn Sie sich Feedback holen, können Sie besser werden!

Gelebte Kreativität gibt uns ganz viel: Sinn, eine Aufgabe, Erfüllung und Befriedigung, manchmal auch Aufmerksamkeit und besondere Möglichkeiten. Aber erwarten Sie keine Wunder an Resonanz. Nur in sehr seltenen Fällen gibt es Berühmtheit, viel Geld, Nachruhm.

Werden Sie kreativ für sich. Mit Musik, Kunst, Tanz, Theater oder was Sie begeistert wird Ihr Leben bunter und schöner werden.

Sinnbezüge finden

Wenn wir spüren, dass unser Leben mit seinen Aktivitäten und Beziehungen Sinn ergibt, ist das nicht nur angenehm, sondern stärkt auch unsere Gesundheit. Wenn die Welt unübersichtlich scheint, erscheint sie uns oft auch bedrohlich. Wenn die Beziehungen ambivalent sind, fühlen wir uns nicht gut unterstützt und fragen seltener, ob uns jemand hilft. Wenn unsere Aktivitäten keine Bedeutung haben für irgendjemanden, kann es sogar schwerfallen, sich zum Staubsaugen und Kücheaufräumen zu motivieren. In all diesen Situationen können wir Sinnbezüge nicht spüren und leiden dann auch darunter.

Sinnbezüge in unserem Leben sind also gut. Aber wann können wir diese Sinnbezüge spüren? Gwen Schulz, Erfahrungsexpertin aus Hamburg, sagt in dem Film »Nicht alles schlucken« sinngemäß, dass wir unsere Welt verkleinern müssen, damit enge Sinnbezüge entstehen.

Wir verstehen das so: Wenn wir wenige, aber dafür enge, nichtambivalente Beziehungen haben, können wir deutlich deren Sinnhaftigkeit spüren. Auch wenn wir an einem Ort leben und tätig sind, mit dem uns eine Geschichte verbindet, wird es leichter sein, seine Sinnhaftigkeit zu spüren. Wenn wir Tätigkeiten nachgehen, die wirklich stimmig sind und gut zu uns passen, nehmen wir sie als sinnvoll wahr. Wenn wir uns in einer kleinen Welt bewegen, können wir in dieser Welt vieles mit vielem verknüpfen und in diesen Bezügen Sinn entdecken.

Das soll jetzt aber nicht die alte Leier von den kleinen Schritten und kleinen Zielen sein. Wenn Sie ambitionierte und große Ziele anstreben, kann das schon motivierend sein. Nur ist unsere Erfahrung die, dass auch dann die Dinge übersichtlich und bewältigbar bleiben müssen. Wer sich im Dienst großer Ziele verzettelt, immer neue Projekte beginnt, ohne sie beenden zu können, der wird oft frustriert sein – und wenig Sinn in seinem Leben sehen. Große Ziele und Ambitionen gerne, aber fassbar sollten sie schon sein für Ihre Seele. Und zwar jetzt, nicht irgendwann in der Zukunft, wenn die Ziele erreicht sind. Gwen Schulz würde wahrscheinlich zustimmen, dass es auch in einer kleinen Welt eine Weite geben kann.

Nun gibt es psychische Erkrankungen, bei denen es sehr schwerfällt, Sinn zu spüren. Bei einer Depression etwa scheint alles sinnlos. Auch in einer Psychose stellt man oft den Sinn alltäglicher Aktivitäten infrage. Wie kann man sich dagegen wehren und Sinn sehen in seinem alltäglichen Tun?

SVENJA Ich glaube, manchmal ist es sinnvoll, die Sinnfrage nicht weiter zu stellen. Die Wohnung sauber und ordentlich zu halten, ergibt für mich einfach Sinn. Wer da immerzu nach einem Warum fragt, wird oft ohne Antwort bleiben und sich in einer verdreckten Wohnung unwohl fühlen. Ich habe gelernt, bestimmte Dinge einfach zu tun, weil ich weiß, es geht mir dann besser.

Bestimmte Dinge sind sinnvoll, egal ob man das im Augenblick spüren kann. Dazu zählen:

- für die Wohnung sorgen,
- Lebensmittel einkaufen und etwas kochen,
- einen Spaziergang machen,
- mit einem vertrauten Menschen sprechen,
- sich eine Aktivität für den Tag vornehmen.

Auch wenn aus Krankheitsgründen sonst nicht viel geht, das geht eigentlich in fast allen Situationen. Und es ist immer sinnvoll. Es sind kleine Schritte in die richtige Richtung, weg von Leid und Unwohlsein, hin zu Wohlbefinden und Sinnhaftigkeit. Auch wenn Sie phasenweise keinen Sinn in diesen Aktivitäten sehen können, machen Sie sie trotzdem, das ergibt wirklich Sinn, und wenn es Ihnen besser geht, werden Sie es auch spüren können.

Neben dem Sinn der Alltagsaktivitäten gibt es natürlich auch ganz existenzielle Sinnfragen. Diese hängen mit unserer Geschichte zusammen. Je nach dem, was wir in der Vergangenheit gemacht haben, kann ein bestimmter Schritt Sinn ergeben. Oft lädt sich erst mit der Zeit der

Ort, an dem wir leben, die Menschen, mit denen wir verbunden sind, die Tätigkeiten, denen wir nachgehen, mit Sinn auf. Wir merken das daran, dass wir sie nicht so leicht aufgeben können.

Das, was Sinn ergibt für uns, fühlt sich auch stimmig an, es passt einfach, hat die richtige Größe, die richtige Farbe und den richtigen Schnitt. Es passt zum Rest unserer Garderobe. Sinn hat also auch etwas mit unserem persönlichen Stil zu tun, mit dem, was uns gefällt. So ergeben viele Projekte in unserem Leben Sinn, weil sie unseren Fähigkeiten und Neigungen entsprechen, weil wir unser Potenzial ausschöpfen.

Die Sinnhaftigkeit unseres Tuns erschließt sich nicht immer. Auch sehr gute Beziehungen sind mal schwierig, auch im Ergebnis sehr befriedigende Arbeiten können langweilige Tätigkeiten oder Phasen umfassen, sodass Zweifel aufkeimen. Je wichtiger Ihnen der Mensch oder die Arbeit ist, umso leichter wird es Ihnen fallen, solche Durststrecken zu überwinden.

Sinn entwickelt sich aber auch, er kann nicht einmal erworben und dann für immer konserviert werden. Wenn Veränderungen anstehen, ein Umzug ansteht, eine andere Arbeit aufgenommen wird, Freunde sich verabschieden oder gehen müssen, dann stellt sich die Sinnfrage neu und muss neu beantwortet werden.

Bleiben Sie dem Sinn in Ihrem Leben auf der Spur. Die Momente, in denen Sie sich der engen Sinnbezüge in Ihrem Leben voll bewusst sind, sind heilend.

■■ Spiritualität

Eng mit der Frage nach dem Sinn des Lebens ist die Frage nach der Spiritualität verknüpft, quasi nach einem höheren Sinn als dem persönlichen. Der Ausdruck kommt von dem lateinischen Wort »Spiritus«, was »Hauch, Atem, (Lebens-)Geist« bedeutet. Viele Menschen verwenden die Begriffe »Spiritualität« und »spirituell«, um sich damit von den etablierten Religionen und Kirchen abzugrenzen, um deutlich zu machen, dass sie für diese Bedürfnisse eigene, andere Wege gefunden haben. Zwar lässt sich das verstehen, wenn jemand sich von vielleicht verknöcherten Traditionen und Ritualen distanzieren will, er übersieht aber vielleicht, dass auch in den traditionellen religiösen Gemeinschaften in bestimmten Nischen ein reicher Schatz an spirituellen Vorstellungen und Übungen gelebt wird. Wer sich aber von ganz anderen Wegen eher angezogen und dort beheimatet fühlt, darf auch diese dem »Licht des Verstandes« aussetzen und seine Ideen oder die Gemeinschaft, der er sich zugehörig fühlt, mit einem kritischen Blick befragen: Bei manchen sich als »spirituell« verstehenden Anleitungen wird (immer wieder) viel Geld verlangt, was dann auch fragwürdig ist. Oder es werden unrealistische Versprechungen gemacht. Auch ein »allwissender« Lehrer oder Meister sollte mit Vorsicht beäugt werden

Die »spirituelle Welt« wird oft verstanden als diejenige, die über unsere sichtbare, mit den Sinnen oder den Methoden der Naturwissenschaft erfahrbare Welt hinausgeht. Dazu gehören »das Übernatürliche« (womit eher magische und paranormale Phänomene erfasst werden), »das Transzendente« (das, was die Grenzen unserer Welt überschreitet) oder »das Jenseitige« (womit dann oft die Situation nach dem Tod gemeint ist). Ein Teil der Menschheit glaubt bekanntlich an einen persönlichen, liebenden (oder auch strafenden) Gott; manche Religionen, wie beispielsweise der Hinduismus, gehen von vielen Göttern aus. Andere haben mehr ein »göttliches Prinzip«, eine universelle (Lebens-)Kraft, der sie sich verbunden fühlen, im Kopf. Wieder andere gehen von einer großen Ordnung im Kosmos oder Universum aus. Einige nehmen sich nur Teilbereiche heraus, etwa den Glauben an Engel oder Lichtwesen, oder das Bestreben, möglichst klar und präsent im gegenwärtigen Augenblick zu sein und mit dem »Strom des Lebens« mitzufließen. Gemeinsam ist wohl allen das Bedürfnis, mit einem größeren, übergeordneten Zusammenhang (über die Grenzen unserer doch oft engen irdischen Welt) verbunden, ja darin aufgehoben zu sein.

Spirituelle Ideen und Erfahrungen geben uns oft Orientierung in grundlegenden Sinn- und Lebensfragen. Und wenn sie darüber hinaus auch unser Bewusstsein einen Spalt breit für das Unendliche öffnen, umso besser.

Wie Spiritualität gelebt und ausgeübt wird, kann sehr unterschiedlich aussehen. Die einen fühlen sich vielleicht bei intensiven Erlebnissen in der Natur Gott oder dem Göttlichen besonders nahe. Andere möchten nicht darauf verzichten, regelmäßig zu beten oder zu meditieren, suchen dazu sogar geeignet erscheinende Orte auf. Mancher findet in besonderen Texten, zum Beispiel in der Bibel, wichtige Anregungen. Für einige Menschen hat bestimmte Musik einen spirituellen Stellenwert. Künstlerischer Ausdruck kann auch in diesem Zusammenhang stattfinden. Wieder anderen reicht es schon, wenn sie zu manchen Gelegenheiten eine Kerze anzünden und in Ruhe vor sich hin sinnieren können. Besonders interessant wird es, wenn Sie versuchen, spirituelle Qualitäten in zwischenmenschlichen Beziehungen zu suchen und zu finden.

Apropos zwischenmenschlich: Sie können natürlich versuchen, Ihren jeweiligen spirituellen Weg ganz allein und für sich zu gehen. Ohne dass Ihnen jemand »reinredet«. Es kann aber auch eine gute Idee sein, sich Menschen zu suchen oder sich einer Gruppe anzuschließen, die Ihre Ideen teilen oder zumindest ähnliche Vorstellungen vertreten. Der Austausch mit anderen kann Ihr eigenes spirituelles Leben sehr bereichern. Schließlich kann es auch sein, dass Sie, wenn Sie tiefer in die jeweilige geistige Welt vordringen, sich mit unlösbar erscheinenden Widersprüchen oder unüberwindbaren Hindernissen konfrontiert sehen. Dabei kann das Gespräch mit Menschen, die diese Probleme kennen, sehr hilfreich sein!

Wir wollen nun aber nicht unbesehen jedweder religiösen oder spirituellen Gruppierung das Wort reden. Wenn Sie sich in Ihrer Gruppe oder Gemeinschaft nach einer vielleicht längeren Eingewöhnungszeit immer noch nicht wohlfühlen, kann es sein, dass diese nicht die Richtige für Sie ist. Vielleicht müssen sich die anderen aber auch erst einmal daran gewöhnen, wenn Sie – zum Beispiel aus Psychosen – spirituelle Erfahrungen mitbringen, die ihnen zunächst fremdartig vorkommen. Nur Gruppen oder Kreisen, von denen ein großer Druck auf Sie ausgeübt wird, stehen wir grundsätzlich skeptisch gegenüber. Und von denjenigen Gemeinschaften, die Ihnen einreden wollen, Ihre psychischen Probleme kämen alle nur von einem falschen, ja sogar »sündigen« Lebenswandel, raten wir dringend ab! Auch ein Priester hat kein Recht, über Ihre Lebensweise zu urteilen, Sie zu verurteilen.

Viele Menschen mit Psychose-Erfahrung fühlen sich Gott nahe oder betrachten sich selbst als spirituelle Menschen. Teilweise wird das kritisch gesehen in der Psychiatrie. Auch ist nicht jede »spirituelle Erfahrung« positiv, so manch einer hat in einer Psychose schon einen »Blick in die Hölle« geworfen, fühlt sich vom Teufel verfolgt, befürchtet, selbst ein besonders bösartiger Mensch zu sein. Es gibt aber auch himmlische Erfahrungen vom Einssein mit der Natur und allem Leben, vom Sich-geführt-Wissen von höheren Mächten. Für psychiatrisch

Tätige klingt das oft wahnhaft. Sie übersehen dann leider auch, dass eine göttliche Stimme einem Menschen, der sehr vom Leben gebeutelt ist, Lebensmut und Lebenskraft einhauchen kann. Spirituelle Erfahrungen können die Frage nach dem Sinn eines Lebens am Rande der Gesellschaft klar beantworten.

Das Annehmen meiner Psychose macht Sinn. Sie begrenzt mich und sie entgrenzt mich gleichzeitig. Sie warnt mich einerseits davor, mir mehr zu wünschen, als ich als kleiner Mensch es aushalten kann. Andererseits habe ich ganz still in mir das Gefühl, dadurch etwas sehr tief vom Menschsein zu spüren. Ich erlebe so deutlich, dass wir mehr sind als eine feste Masse, als unsere sichtbare Hülle. Die Auflösung von Grenzen, die Abwesenheit jeder Sicherheit, die ich so oft als Gefahr erlebe, hat auch eine andere Seite. Manchmal wird mir befreiend bewusst, dass wir nur zu Besuch auf dieser Erde sind und dass wir diese Zeit nutzen sollten. In der Natur erlebe ich tiefsten Frieden, kann ich mich ganz öffnen, habe eine Ahnung davon, wie tröstlich unwichtig wir sind, werde Teil von etwas und löse mich auf. Ohne Angst.

Aus: Gwen Schulz: Ich bin nicht ohne Grund ver-rückt. In: Thomas Bock, Kristin Klapheck, Friederike Ruppelt: Sinnsuche und Genesung. Erfahrungen und Forschungen zum subjektiven Sinn von Psychosen. Psychiatrie Verlag, Köln 2014, S. 70 f.

Wenn bei Ihnen spirituelle Themen auftauchen, raten wir dazu, diese zu sortieren. Was Ihnen hilft, was Sie Liebe spüren und Selbstwert fühlen lässt, sollten Sie unbedingt zulassen und sogar suchen. Was Ihnen dagegen schadet, wo Sie sich verletzt und hassenswert, verfolgt fühlen, sollten Sie nicht verstärken, sondern versuchen, auszuweichen. Spiritualität und Religion sind eine wunderbare Sache, wenn Sie sich damit geborgen fühlen können in Gott, wenn Sie sich geliebt wissen und angenommen, wenn Sie Orientierung für Ihr Leben erfahren.

Das alles können Religionen bieten. Wenn Sie sich dagegen kritisch angegangen und verletzt fühlen, wenn Sie Feedback bekommen, dass Sie »sündig« oder falsch sind, dann ist das nicht richtig und nicht gut für Sie. Wenn möglich, sollten Sie sich dann von solchen Praktiken und Gruppen distanzieren. Eine gute Spiritualität bedeutet, dass Sie sich aufgehoben und geliebt, gewollt fühlen.

Spiritualität so verstanden ist tatsächlich ein Lichtblick, ein Segen. Eine Orientierung in verwirrenden Zeiten. Ein Schutz in der Entgrenzung einer Akutpsychose, ein Trost in eher depressiven Phasen.

Spiritualität ist aber auch kein Muss. Manch einer hat gar keinen Sinn dafür, was auch völlig in Ordnung ist. Unserer Erfahrung nach gibt es aber wenige Menschen, die nicht doch irgendwo an Liebe, das Gute, Geborgenheit, Sinn glauben; da ist der Schritt zu einer höheren Macht in einer Religion nicht weit. Zumindest scheint in diesen Zeiten, in denen die Religionen nicht mehr so gefragt sind, für die meisten Menschen die Suche nach der Liebe, dem Guten, nach Geborgenheit Sinn zu machen. In einem guten Leben kommen jedenfalls alle diese Dinge vor.

Zum Schluss

Liebe Leserin, lieber Leser,

nun haben Sie das Buch bis hierhin durchgelesen – oder hierhin vor-
geblättert. Wie es Ihnen wohl mit der Lektüre ergangen ist? Wenn Sie
jetzt das Gefühl haben, dass Ihr Leben eigentlich doch ganz gut ist
oder sogar unsere Aussichten übertroffen hat, beglückwünschen wir
Sie und wünschen Ihnen, dass sich das so fortsetzt. Wenn Sie durch
unser Buch motiviert sind, selbst Neues auszuprobieren, freuen wir uns
darüber und wünschen Ihnen viel Kraft, Geduld und natürlich auch
Glück dabei! Wir wünschen aber auch denjenigen, die gerade oder auch
immer wieder an bestimmten Punkten scheitern, deren Leben sich noch
in einer Krise befindet, dass sie noch mal aufbrechen in ihrem Leben.
Wenn Sie schon viel ausprobiert haben, was nicht geglückt ist, wäre es
wichtig, es mal anders zu probieren, einen anderen Weg zu suchen, dazu
auch den Rat von Freunden oder Profis einzuholen. Auch wir kennen
sehr schwierige Zeiten in unserem Leben, wo es nicht gut aussah, und
doch taten sich Türen auf, ein neuer Weg eröffnete sich.

Wie kann das Glück aussehen in einem Leben als Psychiatrie-Erfahrene
mit den ja fast immer auch auftretenden Erfahrungen des Scheiterns
und Nicht-Gelingens? Unsere Erfahrung ist, dass Glücklichsein mehr
mit einer inneren Haltung zu tun hat als mit erfüllten Wünschen. Auch
erscheint es uns wichtig, die kleinen, alltäglichen Glücksmomente
zu sammeln, die es in fast jeder Lebenssituation gibt, anstatt auf das
»ganz große Glück« zu warten. Glück stellt sich wohl eher ein wie ein
Schmetterling, der zu uns kommt, so ein Weisheitsspruch, als dass es
durch einen verbissenen Kampf gewonnen werden kann. Überhaupt
scheint es uns wichtig, nicht verbissen durchs Leben zu gehen: Nicht

sich aufgeben – ja! Aber um jeden Preis einen aussichtslosen Kampf fortsetzen – nein!

Die guten Wendungen in unserem Leben kamen oft überraschend, in Ecken, in denen wir nicht danach gesucht hatten. Der gute Weg ist vor allem ein individuell passender, den man in jungen Jahren vielleicht noch nicht so sehen kann.

Ein aktives und tätiges Leben wünschen wir Ihnen, in dem Resignation und Verbitterung nicht dominieren. In dem das Glück wie ein Schmetterling zu Ihnen geflogen kommt! Und bitte dann nicht den Schmetterling wegwedeln, auch wenn er vielleicht komisch aussieht oder Sie sogar Vorurteile gegenüber dieser Art von Schmetterling haben. Wir würden uns auch freuen, von Ihnen zu hören und Ihrem Weg zu einem guten Leben. Wir freuen uns mit Ihnen über die kleinen (und großen) Erfolge und Genüsse, die kleinen Aufbrüche und den Weg, der vor Ihnen entsteht.

Kontakt: das-gute-leben@balance-verlag.de

 **SIBYLLE**

glück gehabt

ich bog
um eine straßenecke
und prallte
mit jemandem
zusammen

mit meinem leben